O click do êxito

O click do êxito

Uma vida melhor, com metas definidas!

Wilson Mileris

Prestígio editorial

Publicado por PRESTÍGIO EDITORIAL

Edição de textos: Mirian Ibañez

Revisão: Ruy Cintra Paiva e Isney Savoy

Capa: Osmane Garcia Filho

Imagem de capa: Antoine Savolainen/ Images.com/ CORBIS

Projeto gráfico e diagramação: Osmane Garcia Filho

Dados Internacionais de Catalogação na Publicação (CIP)
(Câmara Brasileira do Livro, SP, Brasil)

Mileris, Wilson
O click do êxito : uma vida melhor, com metas definidas / Wilson Mileris. — São Paulo : Prestígio, 2006.

ISBN 85-99170-49-X

1. Atitude - Mudança 2. Conduta de vida 3. Metas (Psicologia) 4. Sucesso I. Título.

06-3489 CDD-158.1

Índices para catálogo sistemático:
1. Êxito : Psicologia aplicada 158.1

Prestígio editorial

A *Prestígio Editorial* é um selo da *Edicuro Publicações.*

Rua Nova Jerusalém, 345 – CEP 21042-230
Rio de Janeiro — RJ
Tel.: (21) 3882-8200 — Fax: (21) 3882-8212/ 8313
e-mail: editorialsp@ediouro.com.br;
vendas@ediouro.com.br
internet: www.ediouro.com.br/prestigio

Muito a agradecer

O velho ditado diz que um homem só se realiza plenamente quando gera um filho, planta uma árvore e escreve um livro. Já fiz duas dessas três coisas. Tenho cinco filhas e dois netos, plantei algumas árvores e agora tenho o privilégio de escrever um livro. Ao visitar o meu passado, enquanto vivo intensamente o presente, posso avaliar com serenidade o que, realmente, um homem é capaz de realizar na plenitude do seu potencial.

Não é apenas um filho, uma árvore ou um livro que nascem, crescem e passam na vida da gente. Isso acontece, sobretudo, com os amores que cultivamos ao longo da nossa caminhada. Sérgio Fernando Braga é um desses amores. Ele inspirou, motivou e gerenciou este livro que, sem o seu incentivo, não existiria. Outros amores são os clientes, que permitem a aplicação de nossas teorias em seus negócios, e as equipes de trabalho, com as quais tenho convivido ao longo de 25 anos.

Finalmente, sou grato pela sorte de estar casado com Fernanda Olivato Ferreira Mileris. Após 21 anos de convivência diária, ela continua a tolerar a minha natureza meio neurótica e idiossincrasias. Conto com ela, que é, ao mesmo tempo, minha crítica mais rigorosa e também o meu apoio mais profundo e permanente. A definição essencial do sucesso na vida deriva, com certeza, do apoio de seu parceiro ou parceira, do carinho e respeito que manifestam por você à medida que os anos passam. Nesse particular, espero ser tão bem-sucedido em relação a ela, quanto ela é para mim. Muito mais do que tudo, é o seu amor que realmente me realiza como ser humano.

Por fim, agradeço às mulheres da minha vida, que, como a minha amada Fernanda, me apóiam sempre e incondicionalmente e a quem amo da mesma e intensa forma: minhas filhas, Aretha Ursulla, Agatha Melissa, Agnes Christie, Karen Rebecca, Katherine Louise, e minha grande amiga, amada e admirada sogra, Luiza Olivato Ferreira.

Obrigado por tolerarem minhas limitações e me aceitarem assim como sou.

Minha família.

Meus parceiros.

Meus clientes.

Minhas maiores fontes de aprendizado e de satisfação.

A vocês, dedico este livro!

Sumário

Aquecimento

Como aproveitar bem este livro

Todo texto é um diálogo entre o autor e o leitor. Os conceitos apresentados só adquirem sentido à medida que encontram correspondência na mente de quem os absorve. Por isso, permitem diferentes interpretações. A mesma seqüência de frases pode ter sentidos diferentes para pessoas distintas ou até para cada uma delas, em diversas fases da vida — as experiências acumuladas podem alterar profundamente a sua compreensão de determinado conteúdo.

Descobrir, em releituras, sutilezas que nos escaparam na primeira leitura é uma experiência comum. O nosso subconsciente — a "caixa de correspondência" onde as palavras são armazenadas — "atualiza" seu significado, pois as vivências podem ter modificado alguma (ou muita) coisa em nós. Hoje, não somos a mesma pessoa que éramos ontem!

Aceite meu convite para refletir sobre o seu momento de vida, antes de mergulhar na leitura. Vale a pena. Pergunte-se:

- O que me fez pegar este livro?
- O que procuro nele (ou espero dele)?
- Por que essa busca é importante para mim?
- O que imagino que conseguirei, se encontrar aqui o que estou querendo?
- Como poderei usar estes conhecimentos em meu próprio benefício e no daqueles que me rodeiam?

Já sei, é difícil responder a todas essas perguntas! Afinal, você ainda não começou a ler. Talvez nem saiba muito bem do que se trata ou sequer tenha expectativas claras a respeito. Por enquanto, ainda é um mistério o que se segue. Mas se você pegou o livro, fisgado pelo título, é certamente porque está interessado em como ampliar sua atuação efetiva, de que forma pode melhorar o relacionamento com as outras pessoas e também sua própria vida. Só para citar alguns exemplos de serventia. Apesar de ter, até agora, apenas informação de "orelha" sobre o conteúdo à sua disposição, o que viu foi suficiente para incentivar o mergulho na leitura.

Não encare minhas perguntas como um exercício de adivinhação. Com elas não pretendo que você faça um prognóstico do que encontrará aqui, mas que se conecte com suas expectativas, com seu desejo de felicidade. O que lhe proponho é uma viagem, uma aventura compartilhada em que, pretensiosamente, farei o papel de guia. E a sua participação é fundamental! Nessa viagem, seguiremos juntos.

Pense neste livro mais como em uma academia de ginástica do que como um vídeo de exercícios físicos. A principal diferença está na participação.

Potencialize a utilização do que encontrará. Enfronhe-se nele! Com disposição e de cabeça.

Tenha à mão um lápis ou marca-texto.

Interaja. Concorde. Discuta. Questione.

É uma obra a quatro mãos, porque você escreverá a sua parte, diante dos estímulos que lhe ofereço.

Conecte as idéias apresentadas com as suas idéias, e as sugestões, com as situações concretas da sua vida — com a sua experiência de vida.

Leia. Marque. Releia. Leve sempre consigo, como um fiel companheiro de jornada.

Os conceitos que apresento são aparentemente simples, por isso parecem fáceis. A absorção, de fato, é. Mas o grande desafio é colocar tudo em prática, se quiser colher os benefícios.

Se, ao final da leitura ativa que lhe proponho, você puder observar uma melhora na sua efetividade nos diversos papéis da vida, na sua capacidade de se relacionar com os outros, na sua qualidade de vida e na sua sensação interior de paz e felicidade, esse projeto terá sido um sucesso. E, no final, celebraremos o fruto do nosso esforço conjunto. Mas, mesmo que este texto não seja o veículo apropriado para o seu aprendizado, ainda assim eu reitero o convite à celebração, pois todo esforço genuíno para aprender, para transcender limitações, é, em si, um sinal de integridade e de compromisso pessoal que merece um brinde especial.

Independentemente dos resultados, sinto-me honrado por fazer parte de sua vida, agora, graças à sua livre escolha pelo que tenho a dizer.

Prometo que terá, aqui, o melhor de mim.

Ponto de partida

A equação que faz a diferença

Prepare-se para uma travessia. Do que é para o que pode ser. A partir de uma proposta tão simples quanto desafiadora: fazer tudo o que é imprescindível para vencer essa distância. Na bagagem, apenas um instrumento: a equação do êxito.

Na verdade, trata-se de uma conta de somar, com apenas dois elementos que têm de estar íntegros, para que o resultado seja realmente o que se espera. Os dois elementos são: uma Atitude Mental Positiva (AMP) e as Metas Definidas por Escrito (MDE). Isso mesmo — não basta ter metas, é preciso fazer uma relação delas, como se faz uma planilha de trabalho. E ter esse material sempre à mão.

Mas garantir que haja todas as chances para que essas metas se realizem implica trabalhar com a Atitude Mental Positiva, caso contrário nada acontecerá. A gente é o que a gente projeta. Se a projeção for de catástrofe, não há como acontecer uma coisa boa. E aí é que está um interessante mistério a desvendar — tudo depende só de você, em especial de uma mudança que tenha a disposição de fazer, porque o querer é só uma parte do processo, a outra é o fazer. Assim, o desafio é mudar por dentro e por fora, na maneira habitual de pensar e, sobretudo, agir.

Digo *sobretudo* porque eu mesmo trabalhei esses dois elementos da equação, arduamente. Se tivesse permanecido apenas com os horizontes da primeira fase de minha vida, provavelmente estaria lamentando, diante da tevê, de pijamas e chinelos. Tive uma infância extremamente pobre e sem chances sequer de continuar os estudos, porque urgia trabalhar.

Tinha sonhos, sim, mas esbarrava em dificuldades que eu mesmo criava. Era vendedor e tímido. Cada oferta sem receptividade me derrubava, sentia-me estatelado no solo. Ia, porém, levando a vida, até que, aos 27 anos, fui despertado para outra forma de viver. Aquela em que receber um não, no mundo dos negócios, faz parte da rotina. Aliás, a gente ouve mesmo muito mais "não" do que "sim". A soma destes, no entanto, é que importa.

Aprendi o que é preciso para sair da vala comum em direção à vida plena. Conto este detalhe porque, mais do que testar, vivi (e continuo vivendo) o que proponho. Observei o mesmo processo em muita gente. Assim, a equação funciona, sem margem de erro. Confira!

Capítulo 1

De que são feitos os vencedores

As vitórias humanas advêm, em grande parte, da adequação do ser humano ao sempre variado e mutável ambiente em que vive, visando a obtenção da harmonia e do equilíbrio.

Este livro foi escrito para quem dedica boa parte do seu tempo a questões como desfrutar da vida e viver em plenitude. E também — por que não? — para inspirar alguém que ainda não esteja nesse ritmo, mas sentiu atração pelo tema e talvez esteja prestes a iniciar a travessia entre permanecer no balaio geral e entrar na exceção que brilha, por usar todas as suas potencialidades. Da melhor maneira.

Plenitude é a sensação de viver com total intensidade e paixão, sem medo de mergulhar no mundo e em todas as sensações que ele tem a oferecer. É a sensação incomparável de sentir-se parte integrante de tudo que acontece, exatamente porque estamos atentos e conectados à realidade de tal maneira que nos vemos no centro dessa corrente vital.

O autor não tem a intenção de competir com aqueles que escrevem para distrair os leitores. Não se trata de diversão, embora a vivência integral implique também isso, mas o objetivo é antes de tudo prepará-los para identificar e, sobretudo, vivenciar positivamente as oportunidades, quando elas aparecem. E também para criar essas oportunidades nas quais aparentemente existe um deserto ou uma infinidade de caminhos, muitos dos quais talvez conduzam diretamente ao nada.

Na última década do século passado houve uma explosão de livros de auto-ajuda do tipo *how-to-do*, ou "como fazer". Trazem indicações, sim, porém boa parte deles não oferece nada de realmente prático.

Não há uma fórmula exata, pois a vida é incerta demais, complexa demais e transiente demais. Saber o que deve ser feito e conseguir fazê-lo são coisas muito diferentes. A impressão geral é de que quanto mais aprendemos sobre empresas excelentes, estratégias competitivas vitoriosas ou líderes de mudança visionários, menos somos capazes de realmente construir organizações ótimas, executar estratégias vencedoras ou atuar como líderes inspiradores. Há, porém, como juntar querer e poder. Embora a receita possa variar de caso a caso, existem ingredientes básicos e imprescindíveis. E é disso que trataremos.

O segredo está na necessidade de uma combinação ideal entre o *know-about* (saber sobre) e o *know-how* (saber como).

Quantas vezes em nossa vida temos consciência de que determinada área não está bem, mas mesmo assim seguimos com a mesma fórmula, à espera de que um milagre coloque tudo em ordem. Exemplo? Ganhar na loteria para eliminar todas as preocupações. Se tem uma coisa que não se compra é justamente o equilíbrio (para dizer o mínimo). Outra? Ter uma promoção no trabalho ou grandes entradas de caixa, quando enveredamos pelo universo empreendedor. Acontece que essas coisas não vêm assim, de mão beijada. Requerem muito, muito empenho.

O que falta para juntar o *know-about* com o *know-how*? O elemento diferenciador, embora pareça lugar-comum, está concentrado justamente nas dimensões humanas. Quero contribuir com novas propostas para esclarecer essa questão, tratada pela maioria dos livros de gestão pessoal. Acredito que o fator ausente seja a junção da consciência (identificar os desafios) com a eficácia (agir de maneira adequada e disciplinada).

Tales, um dos sete sábios da Grécia antiga, da região de Mileto, criou a frase: "Conhece-te a ti mesmo", adotada pelo filósofo Sócrates como o princípio e o fim da sabedoria humana, pois é a base do autoconhecimento.

Inúmeros autores referem-se ao sucesso como se fosse uma mistura alquímica de substâncias obscuras, profundas, misteriosas e desconhecidas. Um segredo, enfim, a que só têm acessos os privilegiados. Nada disso. O sucesso tem regras e elas são claras e simples. Você pode aprendê-las e aplicá-las como e quando desejar.

Uns sim e outros não

A travessia do "querer" para o "poder" começa com uma reflexão sobre perspectivas e escolhas. Vamos, então, a algumas perguntas como aperitivo:

- Por que algumas pessoas conseguem sucesso e outras não?
- Por que ser engenheiro é bom para alguns e não é tão bom para outros?
- Por que ser médico é bom para alguns e não gera nenhum resultado para outros?

Um extraordinário número de indivíduos com todos os requisitos e elementos para triunfar jamais alcança o sucesso. Tais indivíduos fracassaram em suas tentativas, embora tivessem capacidade, educação, personalidade marcante e talento.

Por quê? Simplesmente por omitirem certas regras simples, mas fundamentais. Já veremos quais são essas regras. Antes, vale lembrar que há pessoas sem uma série dessas qualidades que obtiveram grandes resultados, não só nos negócios e na conquista de um *status* relevante, mas também no plano afetivo, a começar pela vida em família. A explicação que encontro é muito clara. Essas pessoas vitoriosas formaram o hábito de usar as regras que asseguram o êxito. Sim, volto a lembrar, elas existem, podem e devem ser usadas. A começar pela prática de valores, capazes de trazer felicidade, plenitude, liberdade, paz e amor. Eles são universais, pois a estrutura profunda da nossa psique transcende as diferenças entre as várias culturas. Assim como a maioria esmagadora das pessoas tem dois olhos, um nariz, uma boca e dez dedos nas mãos, a maioria esmagadora deseja viver feliz, livre, com paz e amor. Enfim, anseia por uma vida em plenitude.

O que conduz ao fracasso são detalhes à primeira vista tão pequenos que os descuidados nem se dão conta deles. Com raríssimas exceções, as pessoas não falham por falta de educação, talento ou conhecimento. Falham, principalmente, por omissão. Até pensam, refletem. Mas lhes falta o fundamental no conjunto de precondições para chegar ao sucesso: a ação.

Alguma dúvida? Se houver, vamos aos fatos. Procure formar uma imagem em sua mente. De um lado, coloque pessoas que nada têm de extraordinário a seu favor e mesmo assim obtêm triunfos notáveis; de outro, pessoas com todas as vantagens possíveis, mas que fracassam.

Entrevistei e convivi com várias pessoas extremamente bem-sucedidas. Todas elas conheciam e aplicavam regras da dinâmica do sucesso humano. Como educador de adultos, aprendi que uma pequena parte, talvez menos de 10% das pessoas, está verdadeira e honestamente procurando alcançar o sucesso. Os restantes 90% têm todas as desculpas do mundo para justificar o fracasso. Na verdade, não se dispõem a lutar, realmente, esperando milagres sem levantar da cadeira. Quem se mexe, chega lá. Quer um exemplo bem simples? Os grandes astros de Hollywood, que hoje ganham fortunas, não raro passaram anos e anos à míngua e na total obscuridade, aperfeiçoando-se enquanto lutavam por oportunidades, que souberam aproveitar plenamente.

> **A grande maioria das pessoas não luta para obter sucesso se, para isso, for necessário um pequeno esforço.**

Dois irmãos, resultados diferentes

Michael Moore, cineasta e crítico contumaz do atual governo americano, nasceu em Flint, Michigan, mesmo Estado onde vive James Hunter, autor do *best-seller O Monge e o Executivo*. Na década de 50 do século 19, os irmãos Curtice viveram uma história que ilustra claramente o que foi dito até aqui. Ambos nasceram e se criaram nessa cidade, onde também ingressaram no mercado de trabalho, como funcionários na oficina de pintura da Fisher — uma divisão da General Motors. Os anos se passaram e quando o mais velho dos irmãos estava para aposentar-se, lá por volta dos 65 anos de idade, um jornalista lhe perguntou:

— *Como é que o senhor, dentro da General Motors, jamais conseguiu sair da oficina de pintura, exatamente onde começou?*

— *Nunca tive tempo nem dinheiro para fazer as coisas necessárias para progredir* — ele respondeu.

— *Mas seu irmão, Harlow Curtice, conseguiu tempo e dinheiro para converter-se no presidente da General Motors? Como foi isso?*

— *Bem, ele sempre foi muito ambicioso!* — concluiu, dando de ombros.

Não foi assim tão simples. Na verdade, quando Harlow Curtice decidiu que era muito pouco o que uma oficina de pintura poderia lhe oferecer, buscou novas perspectivas. Queria muito mais da vida. Matriculou-se em um curso de contabilidade na escola local, formou-se, olhou os anúncios classificados de um jornal local e viu que a Divisão de Velas de Ignição da mesma General Motors precisava de um contador. Solicitou o emprego e conseguiu. Era um novo degrau, mas ele queria subir mais. Mostrou a que veio, com competência, e daí para a frente foi se superando, com uma carreira marcante na companhia. Chegou a administrador-geral da Divisão de Velas de Ignição e passou a um cargo de igual responsabilidade na divisão Buick, até que assumiu a presidência da empresa.

Harlow Curtice poderia ter alcançado o sucesso em qualquer empresa que, naquele dia em que ele leu os classificados, estivesse solicitando um contador. Harlow Curtice era daqueles 10% que ficam à espreita do sucesso e não um dos 90% que preferem ver a vida passar e racionalizam os seus fracassos, sempre com uma boa desculpa para não chegar lá. Observei que uma das razões fundamentais para que a maioria das pessoas tenha tão poucos resultados na vida é que, real e verdadeiramente, elas não sabem o que querem. Aceitam as coisas como são; buscam o prazer momentâneo e ocasional em lugar de perseguir a satisfação duradoura que conduz e assegura a felicidade.

A viagem para dentro

Quando o ser humano concentra-se em perseguir os Valores Fundamentais — a felicidade, a plenitude, a liberdade, a paz e o amor —, encontra o sustentáculo de que necessita. Todo triunfador sempre passa por este "momento de transição". Este livro será de grande valia para você, caso esteja vivendo esse processo ou prestes a começar, pois fortalecerá sua determinação, ajudando a analisar e avaliar suas forças e fraquezas; ensinará, também, a mobilizar suas qualidades pessoais, colocando-as a serviço da sua ambição para obter realizações e felicidade.

Nessa caminhada, vale sempre a máxima "Conhece-te a ti mesmo". Representa a essência de transição de cada um. O ser humano é um universo que ele mesmo desconhece. Então, a viagem para fora é, antes de tudo, uma jornada para dentro.

Você é um ser único, singular. Não existe, nunca existiu e nunca existirá outro ser exatamente igual a você. Ainda que tenha os mesmos desejos básicos de todos os de sua espécie, você se diferencia no grau e na intensidade desses desejos e na escala de valores que determina aquilo que é verdadeiramente importante para você. Aquilo que você pensar que é fundamental determinará as suas ações.

Você é, agora, tal e qual se imagina. Amanhã, será tal e qual se imaginar: um fracassado ou um vencedor.

Um dos maiores desafios do ser humano é motivar-se. Como desenvolver atitudes para ser uma pessoa decidida, confiante e comprometida intimamente a alcançar os objetivos pessoais propostos? Como energizar-se para ser bem-sucedido como ser humano? O conhecimento da motivação humana é indispensável para que você entenda os mecanismos do sucesso.

Motivação é o estudo das razões que levam uma pessoa a atuar de uma certa maneira (comportamento pessoal). Diz respeito ao direcionamento e à persistência desses motivos em torno de objetivos (metas pessoais). De uma forma simples e ao mesmo tempo contundente, Motivação significa Motivos para a Ação.

Nenhuma família ou grupo social pode funcionar sem o envolvimento e o comprometimento de seus membros. Por sua natureza, os grupos sociais realizam um esforço conjunto em direção a objetivos comuns. Por isso é importante estudar a motivação humana.

James Stoner e R. Edward Freeman, no livro *Administração* (1995), dividem as principais teorias sobre motivação em quatro grupos.

O primeiro grupo é conhecido como pirâmide da "Hierarquia das Necessidades de Maslow". Diz respeito a uma escala gradual de necessidades do ser humano, em diferentes níveis. Em ordem crescente, as necessidades são:

- fisiológicas,
- de segurança e estabilidade,
- de participação,
- de estima, e, finalmente,
- de auto-realização.

Para Abraão Maslow, o autor dessa teoria, só quando as necessidades de um nível mais baixo na escala são satisfeitas surgem as do nível imediatamente superior, até chegar ao último.

O segundo grupo refere-se à teoria ERC (Existência, Relacionamento e Crescimento), que divide as necessidades do indivíduo em apenas três categorias:

- Existenciais (ou fundamentais),
- de Relacionamento (ou relações interpessoais) e de
- Crescimento (ou de criatividade pessoal ou, ainda, de influência produtiva).

No terceiro grupo está a teoria que trata da necessidade de realização, em que comportamentos e desempenhos do indivíduo estão relacionados a três impulsos básicos:

- a necessidade de realização,
- a necessidade de poder e
- a necessidade de afiliação ou associação íntima com outros.

Esta terceira teoria é associada a David McClelland.

O quarto grupo é a teoria dos Dois Fatores, proposta por Frederick Herzberg. Neste caso, a motivação é relacionada com a satisfação ou a insatisfação no trabalho. Entre os fatores da insatisfação estão os salários, as condições de trabalho, a política da empresa. Entre os fatores da satisfação, ou seja, motivantes, estão a realização, o reconhecimento, a responsabilidade e o progresso.

A fonte da motivação

Muita gente acha que a motivação é uma prática moderna e estritamente relacionada às empresas. Pois não é. Vem de muito longe, na história da humanidade. Confira o texto a seguir para comprovar que um grande líder do passado remoto foi, antes de tudo, um grande motivador de sua imensa equipe:

> *Praticou atos abomináveis com as pessoas, cometeu erros terríveis, mas mudou o mundo de forma irreversível. Apesar dos erros, proponho mostrar as três imensas lições de vida deixadas por ele e ainda não levantadas com suficiente clareza: visão, perspicácia em recursos humanos e magnanimidade.*
>
> *Tornou-se conhecido como Alexandre, O Grande, não Alexandre, O Perfeito ou Santo Alexandre. Era um gênio em recursos huma-*

nos. Vejam os dados. Sabia os nomes de dez mil soldados. Comia e dormia com eles durante a marcha. Alimentava-se com frugalidade e sempre dormia no frio. Posicionava-se na frente da tropa que comandava e era quase sempre atingido junto com os soldados. Quando uma batalha terminava, dedicava-se a cuidar dos feridos porque fora treinado como médico. E fazia isso mesmo ferido. Apenas quando sofria ferimentos sérios e debilitantes aceitava ser tratado antes dos soldados. Mais tarde os reunia e incentivava-os a comentar os combates heróicos que os haviam levado àqueles ferimentos, quase sempre os incitando a exagerar. Em princípio, desaprovava a violação de mulheres e incentivava o matrimônio. Pagava os dotes das mulheres para que seus soldados pudessem se casar com as habitantes locais. Perdoava os débitos. Dividia com os soldados as riquezas confiscadas do império conquistado, e de boa vontade eles as queimaram quando isso foi necessário para facilitar a mobilidade do exército. Recusou a água recolhida pelos soldados e a ele oferecida no deserto, comprometendo-se a compartilhar seu destino. Esta série de atos reflete sua grandeza de espírito. Alexandre não conquistou o Império Persa — mas conquistou o exército sob seu comando. Para ser um grande líder, você precisa de fiéis seguidores, verdadeiros adeptos. Os empregados vêm em primeiro lugar, porque são eles que fazem seu sonho se tornar realidade.

Esse é um trecho de *A Sabedoria de Alexandre, O Grande*, de Lance B. Kurke. O autor compara as decisões de um dos maiores líderes da história aos empresários e dirigentes de hoje. De acordo com as analogias de Kurke, Alexandre obteve sucesso em suas conquistas porque sabia motivar seus soldados, garantindo benefícios e muitas vezes se colocando em pé de igualdade para dar o exemplo. As lições de Alexandre, que subiu ao trono em 336 a.C, nunca foram tão atuais. Os líderes devem, sim, fazer com que a equipe seja uma fiel seguidora de suas metas, mas como deixá-la tão motivada quanto a tropa do rei da

Macedônia? Como obter o comprometimento necessário para qualquer empreitada conjunta?

Existem três tipos de motivação:

- pelo medo,
- pelo incentivo e
- pela própria vontade.

São fontes muito diferentes e da mesma forma será o resultado que oferecem. Vamos conferir cada uma para saber o porquê.

A motivação pelo medo é aquela em que o chefe ou o líder trabalham sob o signo das ameaças, como se sempre houvesse uma espada sobre a cabeça de cada colaborador: cortes, restrições ou quaisquer outras medidas punitivas. Ela se caracteriza por frases como: "Se vocês não atingirem os objetivos, cabeças vão rolar". Algo parecido às escolas do passado, que tentavam formar bons alunos à base da palmatória e dos vexames públicos. Até funciona, mas de maneira restrita e passageira. Pode levar a equipe a atingir sua meta, mas sem criatividade e muito menos comprometimento. Como os regimes políticos autoritários, sempre gera revoltas e, pior, não cria vínculo.

A motivação pelo incentivo é igualmente temporária, inspirada pela vontade de ganhar recompensas caso se atinja determinado objetivo. Costumo sempre citar o exemplo de uma empresa que ofereceu à sua equipe uma viagem para a África do Sul com acompanhante e tudo pago, em um hotel seis estrelas, para um único vendedor. É claro que todos se mobilizaram, mas só um ganhou. Todos os demais, que também se esforçaram, mas nada receberam em troca, ficaram desmotivados. Mas tudo bem, porque ainda havia a chance de concorrer no ano seguinte — a esperança é a última que morre, diz o ditado. Mas acontece que no próximo exercício a saúde financeira da empresa não era mais a mesma, de maneira que o prêmio foi uma viagem em algum ponto do Brasil. Em comparação, porém, com o outro prêmio, este pareceu a todos de menor importância, algo como uma "viagenzinha" por aqui. E, de novo, o mesmo erro: apenas um vencedor, para uma série de descontentes "perdedores".

Para compreender bem o que acontece com esse tipo de motivação, vale usar um exemplo da esfera familiar. O caso daquele pai que, na esperança de ver o filho superar uma fase de péssimas notas, promete um caro presente no fim do ano, certo de que vale o sacrifício até mesmo para evitar a perda do investimento nas mensalidades do colégio. Pois bem, digamos que a criança reaja positivamente e, em vez de estudar pelo gosto do aprendizado, cria a dependência da recompensa. E assim será a cada ano, até que para o vestibular espere o quê? Um helicóptero, de presente?

Em ambos os casos, a motivação vem sempre de fora. É, portanto, artificial — isso mesmo, a palavra é essa: nada mais que um artifício, com a agravante de criar arestas de difícil conserto no equilíbrio das equipes. Em última análise, podem ser destrutivas.

O terceiro tipo, enfim, é o que vem de dentro, a **automotivação.** Ao contrário das anteriores, não depende de estímulos externos. A automotivação é um comportamento que tem origem em nosso interior. A própria expressão se explica. *Auto* quer dizer próprio. A pessoa age porque quer, não porque seja obrigada a isso, seja pelo medo ou por querer determinada recompensa. Ela fará aquilo que for necessário para cumprir o que combinou consigo mesma, ou seja, atingir suas metas.

Essa é a verdadeira motivação, porque parte do próprio desejo incondicional de participar de determinado processo de maneira a influir nos resultados, a fazer diferença. A pessoa sabe que, ao concorrer para a consecução das metas, todos, inclusive ela, serão beneficiados. E de onde vem essa certeza? Da palavra do líder, aquele chefe que sempre se reúne com a equipe para transmitir com clareza o que deseja, compartilha o seu sucesso com todos, conhece o problema pessoal de cada um, suas virtudes e limitações. Alguém como Alexandre, O Grande, não apenas nos campos de batalha — ele conquistou o mundo conhecido em sua época — mas, e sobretudo, na formação de seus colaboradores. O rei da Macedônia foi um tremendo precursor das técnicas de Recursos Humanos.

A automotivação é a única sem prazo de validade. Dura para sempre (tem todas as condições para isso). Porque vem de dentro. Todos os integrantes de uma equipe querem, por vontade própria, compactuar com aquele líder acessível, atento, pronto a escutar e a reconhecer o valor do trabalho de cada um. É um chefe ou dirigente que sabe o que quer e transmite tudo com clareza, sem exigir absurdos ou definir metas impossíveis de alcançar. Alguém que reconhece talentos e sabe para onde direcioná-los e, na hora de comemorar as vitórias, deixa muito claro que o sucesso não é apenas seu, mas de todos.

O líder que realmente deseja ver sua equipe apaixonada por seu objetivo precisa manter-se campeão. Ou seja, garante a continuidade do êxito, o chamado "sucesso sustentado". Trabalha, portanto, entre dois extremos: a criação e a manutenção, sem descuidar de nada nesse processo contínuo, como as pessoas que têm o cuidado de fazer exercícios para manter seu corpo sempre em forma — não é um dia ou outro, mas sempre, com regularidade.

Outra importante recomendação: toda a atenção é pouca no que se refere ao peso da carga que sua equipe é capaz de suportar. É como a história do burrico que puxa a carroça. Se você coloca a vareta com a cenoura muito longe do burrico, no começo, o animal vai andar, mas como ele logo percebe que nunca a alcança, uma hora se cansa e desiste. Por outro lado, se você coloca a vareta muito próxima, o burrico vai comer tudo e também não vai se motivar. A distância, ou seja, o incentivo, deve ser o adequado. É fundamental, portanto, eleger metas factíveis, não impossíveis. E comemorar cada sucesso no meio do caminho.

O investimento interno

Viajamos aos primórdios da história da humanidade para descobrir que a liderança de Alexandre, O Grande, assentou-se em grandes trunfos motivacionais. Há, porém, instigantes exemplos atuais. E aqui mesmo, no Brasil. É o caso de Samuel Klein, presidente das Casas Bahia. Imigrante polonês e pobre, com criatividade e intenso trabalho ele construiu uma das maiores redes varejistas nacionais de eletrodomésticos, com cerca de 340 lojas espalhadas por diversos Estados. O jornalista Elias Awad, na biografia do empresário, *Samuel Klein e Casas Bahia, Uma Trajetória de Sucesso,* cita frases que Klein costumava dizer para motivar seus funcionários:

> *Pessoal, quero que entendam que, na minha filosofia, vocês fazem parte da família Casas Bahia. — E era mesmo verdade, já que Samuel sempre considerou os funcionários um investimento. Pagava salários acima do mercado e criava vários benefícios que pudessem trazer motivação e melhorar a sua produtividade. Mas o trabalho e as decisões sempre tiveram a participação dos executivos do grupo. Uma vez por mês, Samuel costumava reunir todos — familiares e outros diretores contratados da empresa — para discutirem os resultados e os novos rumos a seguir. E o homem analisava tudo. Afinal, não foi por acaso que chegou ao sucesso... Em lugar da palavra funcionário, sempre fez questão de dizer colaborador. É assim que prefere chamá-los. E não faltaram exemplos de situações em que Samuel ajudou os colaboradores na hora do aperto ou de comprar a casa própria. Muitos funcionários realizaram o sonho da casa própria graças a Samuel.*

O lema de Klein sempre foi "dedicação total a você", mas essa dedicação não era reservada apenas ao público externo, em especial seus consumidores, mas também e principalmente a seus clientes internos, os funcionários, que ele prefere chamar de colaboradores.

A sabedoria dos líderes está mesmo na paixão por vencer e despertar o desejo de sucesso naqueles que o acompanham nessa missão. A melhor motivação é aquela que acende o amor pelo trabalho que está sendo realizado.

Para elaborar um plano de ação eficaz, é preciso considerar os princípios da motivação e concentrar a atenção nos **quatro desejos básicos** do ser humano:

1. **SEGURANÇA**, que representa abrigo e proteção contra os perigos da vida. Da mesma forma que o homem primitivo construiu abrigos para proteger-se contra as intempéries e os animais selvagens, também nós desejamos evitar as ameaças do mundo moderno. O instinto de conservação é a primeira lei da natureza.

2. **SATISFAÇÃO DO EU**, a confiança interior de que nós, como indivíduos, somos dignos e capazes de despertar admiração. Ou seja, o cuidado com nosso amor-próprio.

3. **BENS E LUXOS MATERIAIS**, a vontade de ter um nível de vida que garanta não apenas a satisfação das nossas necessidades, mas o excedente que permite adquirir os luxos inerentes a uma vida confortável.

4. **AMOR**, o desejo de amar e receber amor, que nos leva a proteger os nossos seres queridos. A natureza também nos dotou do instinto de propagação e preservação da espécie.

Plano de vôo

Quero reforçar que o objetivo desse livro é propor um Plano de Ação que transforme a teoria em prática, o conhecimento em *know-how* e o pensamento em ação. Dentro do processo do autoconhecimento, faça uma auto-análise.

Estou convencido de que o sucesso humano em qualquer projeto ou ação é realmente determinado pelo grau de intensidade com que estabelece suas metas e esquematiza um plano para atingi-las. Todas as pesquisas sobre comportamento humano há muito reconheceram e continuam a dar, cada vez mais, maior importância às práticas de planejamento e estabelecimento de metas como fatores de desenvolvimento pessoal. Está provado que metas preestabelecidas são consideradas como a mais influente das forças que atuam na motivação pessoal.

A Automotivação deriva do conhecimento e da compreensão sobre os princípios do estabelecimento de metas.

Qualquer pessoa que queira dominar esse fundamento precisa praticar a auto-análise e tem de ser capaz de definir suas próprias metas. Deve compreender suas necessidades básicas, fisiológicas e psicológicas — conscientes ou inconscientes — e entender como essas necessidades afetam e incentivam o seu comportamento. Tem de traduzir suas necessidades em metas, descobrindo os caminhos que superarão obstáculos e estabelecendo um prazo limite para atingir essas metas. Todos esses elementos combinados em um plano escrito, num conjunto de ação e controle, dirigirão e motivarão seus esforços para uma vida plena.

Para tanto, você encontrará no final de alguns capítulos Folhas de Trabalho que orientarão essa prática. Use, porque serão de grande valia para suas reflexões e sua prática.

As que você encontrará a seguir são para que você anote seus verdadeiros sentimentos a respeito desses quatro desejos fundamentais. São muito diferentes de pessoa para pessoa. Por exemplo: suponhamos que você tivesse todo o dinheiro necessário para assegurar a aquisição de tudo o que precisa, se vive uma união conjugal feliz e amorosa, com seus respectivos reflexos nos filhos — isso significa que estariam contemplados os desejos de Segurança e Amor. Então, a Satisfação do Eu se converteria na sua necessidade mais forte.

Na folha de trabalho, no item **segurança**, projete antecipadamente seus ganhos (todas as suas entradas) para este ano, e também os previstos para os próximos cinco, dez e vinte anos. Pergunte-se se esses valores serão suficientes para lhe dar Segurança e também aos seus. Se a resposta for negativa, ao lado dos valores escreva claramente até onde deve chegar sua renda para os próximos cinco, dez ou vinte anos.

É preciso ser muito detalhista nessa projeção dos ganhos. A questão do tempo vai variar de acordo com a sua experiência: 20 anos, se você estiver começando agora; 10, se você já se encontrar estabelecido em seu trabalho ou negócio. É importante que essas cifras, bem como suas respectivas datas, sejam claramente predeterminadas e anotadas em sua folha de trabalho.

Sob o título **satisfação do eu**, faça uma lista das coisas, acontecimentos e ações que lhe proporcionam maior satisfação pessoal. Calcule, com exatidão, o tempo de que dispõe para realizá-las. Analise, honestamente, de que maneira você utiliza seu tempo, indicando onde existem eventuais perdas evitáveis. Detalhes como este são essenciais, porque a mais comum das desculpas ante o fracasso é a de que "*não tive tempo nem dinheiro para seguir adiante*", conforme disse um dos irmãos Curtice, justamente o que se resignou ao papel de funcionário a vida inteira. A maior parte das pessoas joga a culpa de seus fracassos em fatores circunstanciais, quando na verdade ela é a única responsável por tudo o que faz a si mesma. Quanto tempo você vem dedicando a assegurar-se do sucesso? Quanto tempo você tem perdido com coisas inúteis?

Não omita nada. Inclusive se encontra satisfação em idas diárias a bares para *happy hour*, com o risco de comprometer sua saúde e a felicidade familiar, ou se tem o hábito de sentar-se à frente da televisão, com guloseimas, para ver programas que pouco ou nada contribuem para o seu enriquecimento cultural. Somente a apreciação honesta de si pode conduzir você ao "momento de transição" capaz de gerar sucesso e felicidade.

Escreva detalhadamente tudo o que você deseja realizar para conseguir uma verdadeira satisfação do ego, coisas que lhe darão prazer duradouro ou que podem conquistar a boa vontade e a aprovação da sua família, dos seus sócios e dos seus amigos.

Na folha de trabalho **bens e luxos materiais** anote tudo o que possui. Mas, atenção, que seja mesmo de sua propriedade. Não vale incluir a casa que está vinculada a um financiamento de longo prazo, nem o carro de luxo em igual condição, que é símbolo de prestígio, mas não está totalmente quitado.

Se nos aprofundarmos ainda mais, terá você um fundo de reserva que lhe permita enfrentar um gasto de emergência imprevisto, ou possui, por acaso, um seguro de valor suficiente para manter sua família, caso você falte? Se você acha que viverá o bastante para tomar conta dos seus, lembre-se de que sua época de produtividade é limitada e por isso você deve optar por investimentos, valores, seguros etc. capazes de gerar dividendos que garantam uma aposentadoria no mínimo digna.

Que deseja do futuro? Uma casa própria em um bairro mais elegante?

Escreva!

Sob o título **amor**, escreva os nomes e idades dos seus entes queridos. Especifique as necessidades de cada um deles em um, em cinco, em dez anos a partir daquela data. Quando seus filhos estiverem prontos para entrar na faculdade, você terá condições de arcar com as despesas das mensalidades e de tudo o que requer a formação universitária? Determine a quantia de dinheiro necessária para cobrir tais necessidades, preenchendo os espaços correspondentes a cada um dos entes queridos. Depois, faça uma comparação com as suas anotações em **segurança** e **amor**.

Agora, à sua frente, de seu próprio punho, há um inventário dos seus bens materiais e daquilo que deseja obter no futuro! Avalie esses dados! São reais ou apenas um sonho a mais? Leia de novo! Apague as coisas que lhe pareçam irrealizáveis. Deixe somente o que você quer e acredita poder alcançar. Mais tarde, à medida que progredir, você terá tempo para formular metas mais audaciosas. Estabelecidas as etapas que deve escalar, cada vez que você alcançar uma, reforçará o desejo e a segurança de que pode chegar ainda mais alto.

O jovem Harlow Curtice poderia ter sonhado ser presidente da General Motors tanto quanto dos Estados Unidos da América, mas começou de uma forma muito mais prática. Fixou como primeiro objetivo tornar-se contador, elevando suas aspirações à medida que progredia.

Se fizer a auto-análise conscienciosamente, saberá muito a respeito de si: o que quer, onde pretende chegar. Quais os seus deveres e responsabilidades para consigo e os seus. Você já realizou um inventário da sua pessoa. Este é o primeiro passo rumo ao sucesso. Acredite!

No segundo capítulo, você tomará conhecimento dos fatores necessários para alcançar o sucesso e sair de onde você se encontra para chegar aonde você quer.

FOLHA DE TRABALHO

Primeiro Capítulo — De que são feitos os vencedores

Com o objetivo de conhecer-me melhor, vou preencher todos os espaços previstos.

FATORES BÁSICOS

SEGURANÇA

	Baseado nas entradas atuais	Baseado nos meus objetivos
Entradas que pretendo receber durante o ano atual	R$__________	......R$__________
Entradas que pretendo receber nos próximos cinco anos	R$__________	......R$__________
Entradas que pretendo receber nos próximos dez ou vinte anos	R$__________	......R$__________

SATISFAÇÃO DO EU

O que estou realizando neste momento para obter Satisfação Pessoal?

____

Tempo necessário:______________ Tempo perdido:______________

Quais as coisas que podem proporcionar-me grande satisfação pessoal?

____

____

____

O que estou fazendo efetivamente para conseguir tais coisas?

___

___

BENS E LUXOS MATERIAIS

ATIVOS

Casa/imóvel ___

Automóvel ___

Economias ___

Seguro de vida ___

Investimentos ___

Etc. ___

Total ___

PASSIVOS

Financiamento do imóvel ___

Dívidas/prestações ___

Contas a curto e a longo prazo ___

Total ___

Tenho à minha frente os meus Ativos e Passivos. Como poderei melhorar e tornar o meu balanço mais favorável para mim?

Eis a relação das coisas que desejo obter e a quantia de dinheiro que necessito para obtê-las.

___

___

AMOR

Nome da esposa/marido ______________________ Idade _____

Nome dos filhos

1. ______________________________________ Idade _____
2. ______________________________________ Idade _____
3. ______________________________________ Idade _____
4. ______________________________________ Idade _____

Outros entes queridos

1. ______________________________________ Idade _____
2. ______________________________________ Idade _____

Tenho agora um inventário dos desejos básicos que vão orientar minha caminhada.

Dicas do Mileris

1. Os estímulos externos como motivação pelo medo ou por incentivos (prêmios astronômicos) são temporários.
2. Os estímulos internos, como valores, mudança de atitude, paixão por vencer, capacidade de contagiar a equipe com o seu amor pelo trabalho, são permanentes.
3. As atitudes devem ser geradas de dentro para fora. Isso gera o hábito.
4. Deseje realmente alcançar o sucesso. Não basta criar fatores de incentivo, é preciso despertar os desejos. Conheça seus funcionários, seus problemas, virtudes e anseios. Só assim você será capaz de extrair o melhor de sua equipe. Nos relacionamentos amorosos, por exemplo, nem mesmo um grande amor pode dar certo se os parceiros não se conhecem muito bem.

5. Se você é apaixonado pelo seu objetivo, informe imediatamente à equipe. Os colaboradores precisam conhecer sua meta para se apaixonar por ela. Dar notícia, apenas, não basta. É necessário conquistá-los para essa idéia, com os mesmos movimentos de sedução de uma relação amorosa, em que você faz tudo para chamar a atenção e despertar o desejo de uma pessoa.

Capítulo 2

Como chegar lá!

O hábito é o melhor dos servos ou o pior dos amos.

Nathaniel Emmons

O "momento de transição" de sua vida se dá quando você decide alçar vôo do presente, com suas satisfações triviais, rumo ao futuro, em busca da segurança permanente e da felicidade. Uma vez terminado o inventário (atenção, essa etapa não pode ser queimada, pois dela depende o que se segue) do presente e da definição de suas metas de médio e longo prazo, está na hora de desenhar o caminho, ou seja, a receita de como chegar lá.

É bom saber, de saída, que há muitos obstáculos ao longo do caminho. Não são intransponíveis e nem verdadeiramente importantes, afinal a gente nunca tropeça em montanhas, mas em pedras. Coisa pequena, mas capaz de derrubar uma criatura, esmorecendo sua vontade de seguir em frente. É preciso, portanto, seguir com cautela e atenção. Essas pedras nem sempre são naturais da estrada — nós mesmos elaboramos algumas, pela força do hábito.

Como assim, criamos obstáculos? Antes de mergulhar no tema, vale ter em mente a definição de hábito:

De acordo com os dicionários, hábito é a disposição de agir de determinada forma, graças à repetição de certos atos; é um tipo de comportamento ou costume; maneira padronizada de pensar, atuar ou agir, muitas vezes automático. Costume. Mania.

Somos todos filhos do hábito, tenhamos ou não consciência disso. Eles, muitas vezes, nos conduzem a uma rotina medíocre. Nesse caso, nos desviam de nossas metas. Por isso, devem ser controlados e dirigidos. Mais ainda: alterados, quando tendem a levar-nos diretamente ao fracasso.

Todas as pessoas, não importa sua origem ou profissão, seguem padrões de comportamento criados ao longo da vida. Alguns elegem esses procedimentos cuidadosamente, com propósito bem definido, de maneira a agir certo na hora e lugar exatos. São aqueles poucos, cujas ações inclinam o fiel da balança para o triunfo continuado. A maioria, porém, vive uma rotina improdutiva e tediosa. São pessoas rígidas e dogmáticas. Por quê? Porque jamais refletiram seriamente a respeito de suas próprias atitudes. Queixam-se, por exemplo, de seu trabalho, sem jamais encontrar maneiras de torná-lo interessante. Passam em branca nuvem, sem chamar a atenção de ninguém. Não se dão conta de que são eles os aborrecidos, eles se condenam a viver uma vida opaca e enfastiante.

Seguramente, não é essa a vida que você deseja. Você quer viver uma vida estimulante e plena de interesse!

A prática da perfeição

Quem almeja alcançar o sucesso deve assegurar-se de que seus hábitos trabalham a favor, não contra suas metas. Isso implica substituir os não adequados pelos que realmente funcionam, de modo a que eles contribuam para executar o seu plano quase "automaticamente".

Uso a palavra automaticamente porque é como acontecem cerca de 90% de nossos atos. E é importante que assim seja, pois que, se tivéssemos de pensar, conscientemente, em cada um dos nossos movimentos, seria muito difícil levar a bom termo qualquer deles, por mais simples que fosse.

Os maus hábitos derivam da atitude displicente, do permitir que a corrente nos leve, sem antes decidirmos inteligentemente qual a melhor forma de fazer um trabalho ou desempenhar uma função. Muitas vezes essas responsabilidades são encaradas de forma negativa, o que não pode conduzir a resultados interessantes.

Diz o ditado popular que a prática leva à perfeição, desde que se crie, ao mesmo tempo, o hábito da perfeição. Os bons hábitos ajudam-nos a realizar nosso trabalho de forma correta e com economia de tempo, este bem tão escasso e irrecuperável, uma vez desperdiçado. Os bons hábitos são adquiridos da mesma forma que os maus: com a prática. É um círculo que tanto pode ser vicioso como virtuoso. A escolha é sua.

Como determinamos os bons hábitos?

1. Começando por pensar qual a forma mais eficiente de realizar uma função.
2. Assegurando-nos de que será feita sempre da mesma forma.

Dryden, poeta inglês do século XVII, afirmou, com justa razão:

"Primeiro nós fabricamos os nossos hábitos e depois eles nos fabricam".

Nesse "momento de transição" tome a decisão de cultivar bons hábitos e verá como eles se encarregam de assegurar-lhe, automaticamente, o sucesso e a felicidade.

A melhor forma de acabar com um hábito nocivo é substituí-lo por outro, positivo e eficaz.

Selecione hábitos favoráveis à consecução de suas metas. É uma tarefa que exige atenção e cuidado. Reflita a respeito. Por exemplo:

- Como você trabalha com sua agenda?
- Trata de seguir o que está previsto ou atropela os compromissos, à mercê de "urgências" que poderia descartar mediante uma análise do que realmente fazer com elas?
- Desenvolveu a necessária flexibilidade para decidir o que fazer primeiro, porque realmente é uma prioridade?
- Fica todo o tempo correndo atrás do prejuízo, em vez de se fixar no que pode trazer benefício?

Corajosamente, analise seus hábitos e descarte os que atrapalham. Suas metas determinarão sua conduta. O "momento de transição" só acontece quando você realmente deseja fazer esse movimento, reconhecendo deveres e responsabilidades para consigo, seus entes queridos e seu trabalho, seja um emprego ou um empreendimento próprio. Assuma esses deveres e responsabilidades. Dedique-se a realizá-los com o máximo da sua habilidade e eficiência. Mas, para isso, tem de definir as metas, o que por sua vez exige tanto uma planificação cronológica como o desejo de gerar, através da **automotivação**, a energia necessária.

Empregue todos os seus esforços nessa busca. O extraordinário poder de determinar metas específicas será o elo que ligará pensamento e desejo. Já não se trata de sonhar acordado. Você sabe para onde vai e seus pensamentos e ações concentram-se, agora, na direção escolhida.

Tanto uma planificação cronológica como o desejo de gerar, através da **automotivação**, a energia necessária para tal.

A primeira Folha de Trabalho que você preencheu determinou sua auto-análise. Fez você estabelecer seus verdadeiros desejos com base naqueles quatro desejos básicos, lembra? São eles: segurança, satisfação do Ego, bens e luxos materiais e amor.

A auto-análise serviu para descobrir e reafirmar seus objetivos. A seguir, você encontrará uma nova Folha de Trabalho em que há espaços em branco onde você determinará:

1. seus objetivos;
2. seu plano de ação;
3. os pontos de controle que servirão como referência para medir o seu progresso;
4. os processos de motivação que utilizará.

À medida que você especificar as suas metas, assegure-se de que a definição dos seus deveres e responsabilidades é clara, definitiva, real e factível.

Nesse momento, é preferível que as suas metas não sejam muito ousadas, pois haverá tempo e treino, mais adiante, para elas. Concentre-se no elementar, até para garantir avanços. Cada degrau conquistado trará a confiança e a segurança de que você necessita para acelerar o seu progresso.

Com a meta e ideal formados na mente, o requisito seguinte será elaborar um plano de mobilização pessoal para alcançar os seus propósitos. É preciso prefixar um prazo para a execução de cada etapa, com a firme disposição de cumprir essa agenda. Não deixe nada vago, no ar.

Surge, então, automaticamente uma pergunta. O que você vai fazer hoje? O tempo de que dispõe está agora em suas mãos. Aproveite-o, porque você deverá percorrer o caminho estabelecido para cada dia, se é que você pretende estar, amanhã, em um ponto mais adiante. Atrasos nesse cronograma significam retrocesso, com necessidade de muito mais energia do que a habitual para recuperar o lapso perdido.

Estabeleça pontos de referência que permitam avaliar, gradativamente, até que ponto você está progredindo em direção à meta, dentro do prazo preestabelecido.

A fixação dessas referências, para avaliar seu desempenho, é fundamental para assegurar a boa divisão do seu tempo. Administre esse tempo usando um sistema cujos resultados já foram consagrados pela experiência. Ele se baseia em três pontos:

- plano de execução;
- controle de referência; e
- automotivação.

O plano de execução é um conjunto de diretrizes para garantir o fluxo de trabalho ou ações a cumprir, do começo ao fim do processo. O controle de referência funciona como uma apreciação crítica tanto das etapas de execução como dos resultados que conduzem às metas, bem como do uso do tempo previsto. Serve para a realização de ajustes na própria execução e para corroborar a realização do plano, enquanto você progride.

Escreva seus progressos e realizações. Verifique-os, comparando-os com o plano e o prazo prefixado.

Ardente desejo

A realização dessas etapas de maneira correta gera a automotivação e o estímulo necessários para manter a disciplina, de maneira a impedir qualquer esmorecimento antes do término da corrida. Um bom exemplo de como isso funciona é o treinamento a que se dispõem as pessoas que correm maratonas: trabalham com um rigoroso passo a passo e sabem que só se cumprirem à risca o que está programado têm chances de cruzar a linha de chegada.

Manter os seus desejos de superação tão vivos e ardentes que acendam em você a chama do entusiasmo e da persistência também contribui decisivamente para a automotivação.

Uma sensação inigualável de satisfação surgirá à medida que você perceber a gradativa aproximação do sucesso, graças à soma de pequenos êxitos ao longo dessa jornada. Essa consciência da realização é um componente importante da felicidade.

A automotivação impulsionará sua caminhada à medida que você aceitar as suas responsabilidades, determinar as suas metas e planejar como alcançá-las.

É preciso que você tenha um ardente desejo de sucesso.

Um desejo forte o bastante para incentivar a ação contínua. Inúmeros livros e ensaios ensinam: trabalhe com a automotivação e o entusiasmo!

Esses são os elementos básicos para a superação de quaisquer obstáculos. Nada grandioso se obtém sem o entusiasmo! O indivíduo entusiasmado jamais esmorece, por mais dificuldades que encontre pelo caminho!

Tudo isto é certo. Mas, como gerar motivação e entusiasmo?

A fórmula é simples.

Automotivar-se requer, antes de mais nada, um objetivo. Um objetivo que entusiasme você.

Por isso, insisto na necessidade de ter uma meta. Um ideal capaz de fazer com que você se sinta com direito à felicidade.

A fórmula tem mais um poderoso ingrediente: a imaginação, elemento fundamental na história do progresso humano. Não por acaso, o físico Albert Einstein, criador da Teoria da Relatividade, disse: "A imaginação é mais importante do que o conhecimento". Ele sabia muito bem do que estava falando, pois trafegava com grande desenvoltura em ambas as esferas. É, portanto, uma opinião digna de todo o respeito.

A **IMAGINAÇÃO** proporciona a Inovação e a Invenção.

Vamos decompor essa palavra para melhor estudá-la, sentindo sua amplitude:

IMAGINAÇÃO = Imagem + Ação.

Os dois elementos da palavra não funcionam separadamente. Muitas pessoas estão cheias de idéias (ou seja, imagens), mas não chegam a realizá-las, justamente porque não são capazes de partir para a ação. Isso é tão comum que criaram até um clube de "produtores" de idéias que jamais levam à prática tais idéias: são conhecidos como os IDEIOTAS.

Nada de fazer parte desse clube! Garanta sua exclusão, mediante o profundo entendimento dessa competência, que pode ser desenvolvida, a IMAGINAÇÃO.

Mais de 10 mil tentativas

Para entender bem como funciona a **imaginação**, vamos recorrer à biografia de um grande inventor que utilizou a imaginação para patentear mais de 1.093 inventos, entre os quais a lâmpada incandescente e o fonógrafo. Estou falando de Thomas Edison.

Certa vez, ele foi abordado por um repórter de uma revista dirigida ao público jovem. A pergunta era:

— *Como o senhor define o que é ser um gênio?*

Edison, pacientemente, respondeu que não acreditava na existência de gênios.

O jovem repórter voltou à carga:

— *Imaginei que o senhor teria a resposta, pois todo mundo assim o considera. Então, insisto na pergunta.*

A resposta foi a famosa frase:

— *Ter 1% de Inspiração e 99% de Transpiração!*

Surpreso com a simplicidade da resposta, o repórter pediu mais explicações para produzir sua matéria. Talvez um exemplo. E Thomas Edison citou o que lhe acontecera quando da invenção da lâmpada incandescente:

— *O mundo conhecia a eletricidade (não fui eu que a inventei). Era sabido que filamentos ligados na corrente elétrica produziriam calor e, conseqüentemente, luz. Mas, para evitar a combustão, era preciso evitar a entrada do oxigênio. Vários cientistas fizeram tentativas, mas não conseguiram encontrar a resposta adequada para evitar que os filamentos pegassem fogo. Até esse momento, a idéia ou a IMAGEM estava bastante clara na mente de todos. E não era preciso ser um gênio para chegar a essa conclusão. O grande desafio consistia em identificar uma forma de encontrar filamentos adequados, que mantivessem esse calor por mais tempo e que o bulbo onde eles estivessem encerrados fosse bem construído. O que eu fiz de diferente foi agir mais vezes, sem esmorecer. Fiz mais de 10.200 tentativas. Levei mais de três anos para chegar à lâmpada incandescente.*

Quantas vezes criamos Imagens e, por falta de Ação, abandonamos essa Idéia, matando nossa criatividade.

Esperem por mim!

Um grande executivo brasileiro viveu, no início de sua carreira, uma história muito interessante, e que também ilustra como acontece a luminosa mescla da imagem com a ação. Conhecido por Zezinho, ele nasceu e viveu até a adolescência numa cidade pequena do interior de São Paulo. Ali havia uma grande indústria familiar, com uma política de recursos humanos bem definida e bastante conhecida. Todos os funcionários admitidos como *office-boys* eram muito estimulados a evoluir, mediante treinamento e educação, até atingirem cargos de comando.

Zezinho, que trabalhava em um pequeno escritório de contabilidade, estava sempre à espreita de uma oportunidade dessas. Então, esquadrinhava o jornal local em busca daquela vaga tão sonhada. Numa segunda-feira, ele chegou às oito, fez a limpeza, arrumou a mesa do chefe, fez um cafezinho e começou a ler o jornal, interessado nos detalhes de uma partida de futebol, no dia anterior. Só depois abriu a página dos Classificados, onde se deparou com o anúncio tão esperado: "Precisamos de *office-boy* para iniciar carreira".

Olhou no relógio; eram mais de 10 horas. Saiu correndo rumo à indústria e, quando chegou, havia uma fila de mais de 50 candidatos. Achou que tinha perdido a chance. Ficou alguns minutos na fila pensando em uma maneira de compensar o atraso. Teve uma idéia. Pegou uma folha do seu caderno e escreveu uma mensagem. Pediu que alguém guardasse seu lugar e foi até o começo da fila, para entregar o papel à pessoa que estava atendendo. Conseguiu.

Todos os candidatos foram atendidos, inclusive ele. Depois de uma série de testes e entrevistas, três chegaram à reta final. Zezinho estava entre os finalistas. Seus concorrentes eram muito bons. Um tinha feito intercâmbio no exterior. O outro foi indicado por um diretor, justamente o que examinava o dossiê dos candidatos. Imediatamente, quis saber quem escrevera o bilhete. Informado, decretou: "Então escolho esse candidato!". O Chefe do Departamento Pessoal, surpreso, perguntou: "Mas só por causa desse bilhete?", ao que o diretor respondeu:

"Meu caro, um candidato que escreve um bilhete nessas circunstâncias, além de ousado é bastante criativo. Tenho certeza de que vai ser um grande executivo. Essa idéia é muito boa e ele teve a coragem de AGIR. O cargo é dele".

Quer saber o que ele escreveu no bilhete?

> **"Não tomem nenhuma decisão sem antes falar comigo!"**
>
> **Zezinho**

A imagem transformadora

Plante no fundo de sua mente a imagem do ser humano que você quer chegar a ser e a dos benefícios e vantagens espirituais e materiais que você usufruirá. "Veja" com os olhos da imaginação como você desfruta o seu sucesso. Sinta-se na posse das coisas que mais deseja, como se já as possuísse. Eis aí o segredo!

Mantenha essa imagem constantemente em sua mente. Ela transformará seu futuro! Ela estimulará a busca do conhecimento. De que vale todo o alimento do mundo se não houver apetite? Esta imagem é o apetite. Gere em si um entusiasmo inesgotável, um desejo irresistível de obter uma vida melhor capaz de motivar a ação.

O fruto da razão se colhe com a ação. Mas não se esqueça de que a imaginação é a semente fértil. A superação pessoal deve ser o mais alto objetivo da sua vida. Ela implica o aperfeiçoamento da sua mente, do seu corpo e do seu espírito. Se lhe falta confiança, o desejo de superação pessoal lhe abrirá os olhos, permitindo que veja o melhor e mais qualificado que existe em você. Esta será a grande fonte de energia para enfrentar de frente qualquer circunstância ou situação.

Na Catedral de São Paulo, em Londres, há um quadro em que se vê Cristo batendo numa porta, e esperando para entrar. Por fora não existe maçaneta, o que quer dizer que a porta só abre por dentro. Esta porta representa tanto a mente como o coração dos homens. Ambos, coração e mente, só abrem por dentro. Para se conseguir os benefícios que este livro propõe, você deve abrir a sua mente às idéias, sugestões e pensamentos que serão apresentados, seguindo passo a passo o caminho indicado.

Creio honestamente que a sua mente está aberta. Se não estivesse, não teria se interessado por este livro, nem chegaria até este ponto da leitura. Acredite, você notará uma melhora ostensiva à medida que acolher as sugestões. Se fizer tudo à risca, notará uma mudança definitiva em sua forma de pensar, no seu poder de compreensão, na sua habilidade para resolver problemas e na expressão de seus pensamentos com força, eloqüência e convicção.

É como se alguém lhe oferecesse o mundo numa bandeja de prata. Assim parece, assim é! Promessa fundamentada! Com toda a segurança, ela se cumprirá! Já vi mudanças extraordinárias ocorrerem na vida de homens e mulheres que se empenharam, sinceramente, em seguir esses procedimentos simples, porém efetivos.

O ponto mais importante é mudar a Atitude Mental.

No ano de 1900, quando a luz elétrica e o automóvel davam início à maior revolução industrial da humanidade, William James, professor da Universidade de Harvard, doutor em medicina, psiquiatra, filósofo e um dos mais notáveis pensadores do século passado, declarou, sem considerar a dupla de notáveis novidades:

"A maior descoberta da minha geração é a de que os homens podem mudar suas vidas mudando sua Atitude Mental".

Você, dada a sua condição humana, é a maior e mais singular criação da natureza. Orgulhe-se disso. Seu potencial é tão grande quanto o de qualquer outro ser humano. Você possui um poderoso aliado que é o seu subconsciente, para orientar, instintivamente, a realização de seus sonhos e esperanças. Você é capaz de convertê-los em realizações frutíferas.

Faça, agora mesmo, um voto:

"Eu aceito os deveres e responsabilidades para comigo mesmo, minha família e meu trabalho, consciente de que poderei realizá-los a contento, prosseguindo sempre adiante, sem me desviar e com um plano definido. Com essa Atitude Mental lanço-me à grande aventura que me conduzirá ao caminho da compreensão, da realização, da paz de consciência e do êxito".

Folha de Trabalho

Segundo capítulo — Como chegar lá!

OBJETIVOS

1. Deveres e Responsabilidades para comigo mesmo:

____
____
____
____
____
____

2. Deveres e Responsabilidades para com a minha família:

____
____
____
____
____
____

3. Deveres e Responsabilidades que dizem respeito ao meu trabalho:

____
____
____
____
____
____

PLANOS E PRAZOS PARA SUA EXECUÇÃO

Aqui detalharei o tipo de trabalho a realizar e a forma como prosperarei na condução dos meus planos. Simultaneamente, vou escrever as datas nas quais deverei alcançar estas diversas metas e etapas.

CONTROLE DE REFERÊNCIA

Com o objetivo de medir o meu progresso, estabeleci o seguinte Controle de Referência:
(Por exemplo: "Em 1º de outubro de 2008, passarei a morar em minha casa própria etc.")

AUTOMOTIVAÇÃO

À medida que eu conseguir alcançar as minhas diversas metas, os sucessos servirão como automotivação. Decidi aperfeiçoar a minha personalidade, melhorar os conhecimentos específicos do meu trabalho ou negócio e a minha cultura geral, da seguinte forma:

(Aqui você deve citar os diversos cursos, seminários, reuniões culturais de que pretende participar, bem como livros a ler para ampliar sua cultura geral.)

____

____

____

____

____

____

COMPROMISSO

Dedicarei 15 minutos diários, ao menos, para cristalizar no meu pensamento as coisas que mais desejo possuir em minha vida. Faço-o com a convicção de que tudo aquilo que eu puder imaginar vividamente, crer fervorosamente e empreender entusiasticamente será realidade, infalivelmente!

Capítulo 3

A atitude mental faz a diferença

Onde não houver amor, dá um pouco de amor e encontrarás amor.
Santa Teresa de Jesus

Você já resolveu transformar sua vida num projeto vitorioso. Definiu metas imediatas que o levarão ao seu ideal. Traçou um plano de ação, que se dispõe a seguir.

Chegamos, assim, ao terceiro momento dessa trajetória. Para executar o plano de ação é necessário que você desenvolva, intimamente, uma Atitude Mental Positiva que ajude a superar todos os obstáculos à frente, tanto fora como dentro de si mesmo.

Alguém disse, com toda razão: "O ser humano recorre a qualquer expediente para não ter de pensar". A maioria está sempre em busca de pretextos para fracassar — como o pintor de carros dos irmãos Curtice. Só os 10% de pessoas que verdadeiramente buscam o sucesso não têm medo de pensar. Mas são regiamente recompensadas por essa coragem. Eu mesmo poderia ter me resignado a uma vida absolutamente rotineira, não tivesse aberto a mente para a virada, aos 27 anos.

Volte às suas Folhas de Trabalho dos capítulos 1 e 2. Releia, pratique a auto-análise, enfrentando com toda a coragem a seguinte questão:

— É positiva a minha atitude com relação às minhas metas e ao meu plano?

Certifique-se de que a resposta é SIM, antes de continuar, porque o sucesso depende da sua atitude! E se não for, trate de fazer os ajustes necessários para trabalhar com aquele elemento fundamental da equação: Atitude Mental Positiva.

A realidade como reflexo

Conta uma lenda popular do Oriente Médio que um jovem chegou a um oásis, junto a um povoado, e se aproximou de um homem idoso, a quem perguntou:

— Que tipo de gente vive neste lugar?

— Que tipo de gente vive no lugar de onde você vem? — retrucou o ancião.

— Ah! Um grupo de egoístas e malvados! Estou satisfeito por ter saído de lá.

— Pois aqui, jovem, você encontrará esse mesmo tipo de gente — afirmou o velho.

Não por acaso, no mesmo dia, outro jovem se acercou do oásis para beber água e, vendo o ancião, repetiu a mesma questão:

— *Que tipo de gente vive neste lugar?*

— *Que tipo de gente vive no lugar de onde você vem?* — *retrucou o ancião.*

— *Gente maravilhosa, amiga, honesta, hospitaleira e solidária. Sinto falta de todos.*

— *Então, aqui você encontrará esse mesmo tipo de gente* — *disse o velho.*

Um homem que havia escutado as duas conversas ficou intrigado e perguntou ao velho:

— *Como é possível dar respostas tão parecidas, mas com sentidos tão diferentes, à mesma pergunta?*

Ao que o velho respondeu:

— *Cada um carrega no seu coração o meio ambiente em que vive e, sobretudo, as impressões que tem dele. Aquele que nada encontrou de bom nos lugares por onde passou, não será capaz de detectar outra coisa por aqui. Tem a mente habituada a reconhecer apenas um padrão. Aquele que encontrou amigos e gente de bem, da mesma forma perceberá essa presença-referência ao seu redor. Na verdade, a nossa atitude mental é a única coisa em nossa vida sobre a qual podemos manter controle absoluto.*

Essa lenda reforça que o primeiro requisito essencial a todo homem para encontrar uma vida digna de ser vivida é ter uma atitude mental positiva.

O que significa ter uma atitude mental positiva?

Significa que devemos enfrentar nossas responsabilidades com a clara intenção de trabalhar direito e obter êxito em tudo a que nos propomos. Isso implica abandonar a tradicional atitude da maioria que vivencia fracassos e procura desculpas para justificá-los, jogando a culpa nos outros ou em circunstâncias fora de seu controle. Se assim agissem, os cientistas jamais teriam chegado a descobertas fundamentais, como as vacinas, pois houve casos que resultaram justamente da interveniência de fatores não-previstos aliada à atenção do pesquisador.

A tendência a negar responsabilidades, lançando-as nos ombros de outrem, está relacionada aos nossos modelos mentais, em especial à ilusão de que tudo aquilo que fazemos está sempre bem feito. Custa-nos aceitar nossos próprios erros, o que limita nossa probabilidade de aprendizagem. O erro faz parte do processo de aquisição e consolidação do conhecimento. Quando persistimos na atitude de "falsa perfeição", acentuamos uma tendência defensiva danosa. Racionalizamos para encontrar desculpas — inteligentes e aparentemente lógicas — capazes de demonstrar sem nenhuma dúvida essa infalibilidade imaginária.

Quem não conhece ao menos um empresário ou executivo que vive se lamentando de seus colaboradores, por mais que faça alterações nas equipes? Quer um exemplo? O auditor de uma grande companhia pediu demissão alegando que os integrantes do *staff* eram tão estúpidos que ele não conseguia deslanchar seu trabalho. De fato, os assuntos e providências de sua esfera não andavam mesmo. Um exame apurado da situação revelou que o problema era dele, uma pessoa que não sabia se relacionar com os demais. Ele, no entanto, jamais admitia essa falha de comunicação, considerando que errados estavam todos os que o cercavam.

Como os exemplos são fundamentais para ilustrar a teoria, vale relatar mais um caso esclarecedor. Dois indivíduos formaram-se juntos, pela mesma universidade e com iguais promessas no futuro. Um deles planejou e organizou a sua vida com metas e ideais que ele mesmo definiu, programando a mente para sua execução. Gradativamente (e de acordo com suas projeções) foi de êxito em êxito, na carreira. O outro se deixou levar pela corrente, sem traçar um único cenário à sua frente. Nada conseguiu, senão patinar no mesmo primeiro degrau. Todas as vezes que alguém comentava o sucesso de seu colega de turma, ele dizia sem titubear: "É o homem mais sortudo que eu conheci. A fortuna sempre o favoreceu. Para mim, entretanto, tudo sai errado". Na verdade, a sorte pouco ou nada influiu na trajetória de seu companheiro, cujo êxito se deveu ao fato de lançar-se à vida com uma atitude positiva, enquanto que o segundo permaneceu aferrado à racionalização justificadora da paralisia.

Justificativas só servem para assinar embaixo do fracasso, pois o sucesso não requer explicações.

Os indivíduos positivos são pródigos em realizações, enquanto os negativos se escondem sob uma redoma tão defensiva quanto inútil no sentido de abrir possibilidades de mudança.

Caso você esteja patinando nesse comportamento negativo, é recomendável que reveja as anotações feitas em sua Folha de Trabalho sob o título "Satisfação do Eu". Analise-as cuidadosamente. Observe se incluiu o desejo de tornar felizes outras pessoas. Caso falte esse item, agora é um bom momento para incluí-lo na próxima Folha de Trabalho, à sua disposição no final deste capítulo. Anote tudo aquilo que possa lhe trazer satisfação pessoal, derivada não do egocentrismo, mas do desejo de oferecer um pouco de felicidade aos demais.

Em seguida, estude seu plano para o segundo capítulo. Reflita sobre ele e certifique-se de que eliminou atitudes egoístas que roubam seu precioso tempo e bloqueiam seu talento. Escreva suas reflexões na próxima Folha de Trabalho, de forma bem desenvolvida, como usar de forma mais altruísta a sua capacidade.

Quanto à sua área profissional, é fundamental que ela lhe traga satisfação pessoal. Para conferir se isso ocorre, faça indagações básicas.

Encontro satisfação no meu trabalho ou trata-se apenas de cumprir tarefas, sem nenhuma satisfação, e de olho no relógio para comemorar a hora de saída ou rezando para chegar o fim de tarde de cada sexta-feira?

O que devo fazer para tornar a minha vida profissional mais significativa, mais valiosa, tanto para mim como para os demais?

Pense a respeito, com coragem e sem procurar justificativas. Apenas constate para agir sobre o que requer mudança.

A razão pela qual a maior parte das pessoas não encontra satisfação nas atividades remuneradas é porque consideram o trabalho como um "mal necessário", algo que deveriam evitar, caso fosse possível, de modo que atuam sob a lei do mínimo esforço: fazer o mínimo possível. Muitos indivíduos passam a vida inteira concentrados apenas no esforço indispensável para manter sua posição. Sem qualquer perspectiva um pouco mais aberta, sequer cogitam as metas realmente gloriosas.

Seu trabalho é aborrecido? Se a sua resposta é SIM, de quem será a culpa? Sua, por não fazer uso pleno de suas habilidades? Ou, quem sabe, você nunca tenha refletido sobre como poderia torná-lo mais interessante? E se já pensou nisso e não encontrou boas respostas, terá aventado uma saída em busca de novos desafios?

Pode ser que o seu descontentamento se deva ao fato de achar que devia estar fazendo algo diferente, em um lugar onde seria mais feliz. Será que uma simples mudança de espaço ou de patrão ou de atividade poderá garantir o sucesso, sem um grande empenho de sua parte? Exatamente onde está, imagine se existem oportunidades que escapam à primeira vista.

Como a mudança de atitude altera resultados

Durante alguns anos, o dono de uma farmácia, que odiava o seu trabalho, passou todas as manhãs buscando uma oportunidade melhor, e as tardes passou-as entretido com seus esportes favoritos. Deixava a farmácia ao deus-dará, funcionando no piloto automático, até que um dia se perguntou:

— *Mas, afinal, o que eu lucro procurando um negócio do qual pouco ou nada conheço? Por que arriscar, assim, no escuro? Que tal se eu usasse meu talento para otimizar exatamente meu empreendimento, algo que domino e onde me sinto preparado para vencer?*

Convencido pela última questão, sua atitude mental transformou-se radicalmente. Ele decidiu colocar foco e energia na sua farmácia, com uma perspectiva tão otimista que passou a imaginá-la como o mais agradável dos passatempos desportivos. Com isso, ele alterou sua própria história bem como a de milhares de pessoas. Tudo isso aconteceu na década de 60 do século 20 e hoje sua empresa é citada como uma das organizações "Feitas para Vencer", de Jim Collins, por oferecer resultados 7,34 vezes a mais que a média do mercado.

O dono daquela farmácia era Charles R. Walgreen, que se converteu no dono da maior cadeia de farmácias dos Estados Unidos. Sua ascensão no mundo corporativo deve ser atribuída mais à sua atitude em relação ao trabalho do que ao próprio trabalho. O momento de transição, em sua vida, foi justamente aquele em que ele começou a ver o trabalho como prazeroso, capaz de oferecer diversão. Aceitou o desafio, estudou as regras do jogo e nele pôs seu coração e sua mente. O que mudou foi sua atitude frente ao mesmo cenário de antes. Anos mais tarde, ao falar sobre a enorme cadeia de farmácias que leva o seu nome, disse: "*Foi tudo muito fácil e divertido!*".

Walgreen aprendera a verdade fundamental. A oportunidade está diante de nós. Basta ter olhos para ver e coragem para mudar. Uma das melhores maneiras de concentrar energia nisso é considerar o trabalho algo interessante e lúdico. Um parque de diversões onde os adultos passam muitas horas, todos os dias.

Lembre-se da história do ancião, no oásis. O trabalho que você realiza tem a dimensão do conceito que você faz dele: penitência ou satisfação.

Agora consulte, no segundo capítulo, o segmento Deveres e Responsabilidades, onde você deve ter feito uma lista das funções do seu trabalho. Assinale as que lhe dão menor prazer e pense como podem ser melhoradas, de maneira a terem mais atrativos. Indague do motivo por que você não desfruta das coisas que assinalou. Falta de habilidade, talvez? Será que você não quer enfrentar sua responsabilidade? Se o que lhe falta é habilidade, trate, imediatamente, de desenvolvê-la. Se a questão é temor de responsabilidade, lembre-se de que a melhor forma de destruir o medo é enfrentá-lo. Não fuja! Sua autoconfiança aumentará a partir do momento em que você perceber o lado positivo das coisas que tem a fazer.

Encare o seu trabalho como um universo, não uma colcha de retalhos de funções rotineiras. Não importa o que seja, de vender guarda-chuvas a planejar um edifício. O que você faz contribui para aumentar a felicidade de outrem. A alegria de quem se sente melhor e mais confortável ao usar um guarda-chuva pode ser exatamente a mesma sentida por quem tem um belo apartamento no novo edifício.

Todo trabalho tem uma dimensão humana. Trate, pois, de dar-lhe significação. Muito mais do que uma maneira de ganhar a vida, qualquer atividade profissional presta serviço a alguém. Se você atua em sua área com muita satisfação é porque tem segurança do que faz, algo que por sua vez implica ter segurança econômica e, o que é fundamental, consciência tranqüila.

Reveja sua análise no capítulo AMOR. Estará você protegendo seus entes queridos? Veja, com os olhos de sua imaginação, seus entes mais queridos, o cônjuge e os filhos. Você provê o suficiente para satisfazer as necessidades essenciais da vida deles? Oferece algo mais? Eles necessitam e querem o seu amor, o seu conselho, a sua compreensão, a sua companhia. Eles contam com o seu auxílio não somente financeiro, mas, principalmente, psicológico e emocional.

Eles também querem retribuir, com o mesmo amor, mas não podem fazê-lo se você for uma criatura distante, inacessível, fechada em seu próprio universo. **A base do amor é o respeito.** Eles querem esse respeito que só você pode oferecer. Demonstre apreço pelo que eles fazem, ajude-os a estabelecer metas e ideais que os auxiliem a definir deveres e responsabilidades. Eles querem que você espere algo deles. Algo que lhes dê ânimo para esperar mais de si mesmos. Como tudo na vida, a irresponsabilidade e a negligência exigem castigo, mas muito cuidado na dose e na análise criteriosa das circunstâncias. Eventuais punições têm de ter um caráter educativo, jamais devem acontecer para satisfazer suas próprias frustrações. Da mesma forma que os mimos, todo excesso é prejudicial.

AMAR não é algo circunstancial; requer dedicação, compreensão e, sobretudo, compromisso.

Ter consciência de que o nosso trabalho contribui para o crescimento dos nossos entes queridos é a inspiração que acrescenta um pouco de glória ao próprio trabalho em si.

Então, continue sua avaliação:

- Até que ponto você dá aos seus aquilo que eles esperam de você?
- Que faz você para assegurar, na sua totalidade, os benefícios do seu amor por eles?

No espaço previsto para METAS escreva aquilo que deseja para seus filhos de acordo com os respectivos talentos e temperamentos. Registre o que considera responsabilidade deles e aquilo que devem assumir para preparar-se, com conhecimento e hábitos, para avançar em direção a suas próprias metas.

Certifique-se, agora, de que você sabe o que e como deve ensiná-los a adquirir tais hábitos e conhecimentos. Com essa atitude, certamente concorrerá para o sucesso dos seus filhos, ao mesmo tempo em que constrói uma família da qual poderá sentir-se orgulhoso por anos a fio.

Não pense, por um momento sequer, que uma atitude positiva, dirigida para os outros, diminuirá a satisfação do seu Eu. Muito ao contrário, seu Ego vai se expandir à medida que você contemplar o seu trabalho e sua família em profundidade.

Um visitante que observava a construção de uma catedral perguntou a um pedreiro o que estava fazendo. "Estou cortando as pedras", respondeu. Repetiu a mesma indagação ao cristaleiro, que disse: "Estou trabalhando nas janelas". O estranho voltou-se para o operário mais humilde da obra, que no momento passava com uma carreta cheia de areia, a quem lançou igual questão, para ouvir a seguinte reposta: "Ajudo a construir a catedral".

A grandeza da sua vida depende do quão positivamente você se veja. Não em relação aos outros, mas a si próprio. A inspiração do homem recebe alento do seu próprio espírito.

Reveja a Lista dos Bens e Luxos Materiais. Reflita sobre eles. Perceberá que não existem apenas para seu desfrute, senão a todos os que cercam você, sejam familiares ou amigos e conhecidos. Eles fazem parte da bagagem que representa a felicidade, dessa maneira compartilhada generosamente. Pensar altruisticamente não limita as suas possibilidades; ao contrário, suas possibilidades se expandem ao máximo.

FOLHA DE TRABALHO

FATORES BÁSICOS

SATISFAÇÃO DO EU

O que estou fazendo para dar satisfação a mim e que também possa fazer felizes os demais? Como posso utilizar de uma forma altruísta o meu potencial humano?

Ações que desejo realizar para beneficiar os que me cercam, a minha comunidade e o plano que tenho para torná-las realidade.

DEVERES E RESPONSABILIDADES

Eis a relação das coisas que devo fazer e de que não desfruto no momento.

O que devo fazer para melhorar minha atitude em relação a tais funções?

AMOR

Eis aqui relacionados meus deveres e responsabilidades com relação a cada um dos membros da minha família. Como pretendo ajudá-los a enfrentar suas próprias responsabilidades e que tipo de estímulo usarei para ajudá-los?

POSSES E BENS MATERIAIS

Continuação da lista das coisas que podem contribuir para que minha família e eu possamos desfrutar de uma vida confortável.

Capítulo 4

Plano de ação

MDE — Metas Definidas por Escrito

Todos os conceitos que você absorve, ao longo deste livro, são fundamentais, mas a questão vital é levá-los à prática, de maneira a absorvê-los e consolidá-los, para que se incorporem à sua vida. Já deixei bem clara a importância do Plano de Vôo e das Folhas de Trabalho. A partir de agora, você terá a orientação para traçar seu Plano de Ação.

Já informei antes, mas este é um bom momento para frisar: há muito os especialistas em comportamento descobriram que as idéias ficam mais fortemente gravadas quando as escrevemos. Assim, não basta ouvir ou ler. O ato de registrar, por escrito, é um estímulo adicional para alcançar objetivos.

Prepare-se, então, para realizar um planejamento tangível, prático e fácil, que se destina a acelerar seu desenvolvimento pessoal e profissional. É uma poderosa ferramenta de aperfeiçoamento. O Plano de

Ação transforma a teoria em prática, o conhecimento em *how-to-do* (como fazer) e o pensamento em ação.

Sucesso é a realização progressiva de metas pessoais, meritórias e predeterminadas. É determinado pelo grau de intensidade com que estabelece suas metas e esquematiza um plano para atingi-las.

O desenvolvimento pessoal está subordinado ao planejamento e à fixação de metas. Estas, pensadas e definidas de antemão, se constituem na mais influente das forças que atuam na motivação pessoal. É a partir dessa alavanca que as coisas começam a acontecer, ou seja, que você consolidará a grande mudança em sua vida. Tenha bastante clareza de que tudo depende de você e de sua atitude, como já vimos antes, mas nunca é demais repetir — neste capítulo retornaremos a alguns pontos justamente para fixar mais os conceitos, assegurando um plano de ação eficaz. Trate de seguir as recomendações, sem boicotar-se. Nada virá de mão beijada ou por milagre. Arregace as mangas para fazer o que é preciso.

A automotivação depende da compreensão sobre os princípios do estabelecimento de metas.

O trabalho que você tem pela frente, também já vimos, pressupõe ingredientes como a auto-análise e a compreensão das suas necessidades básicas, fisiológicas e psicológicas — conscientes e inconscientes. É fundamental que você compreenda bem como essas necessidades impactam o seu comportamento. Da mesma forma, há que traduzir suas necessidades em **metas**, descobrindo formas de superar os **obstáculos** e estabelecer um **prazo** limite para alcançá-las.

Para traçar um Plano de Ação significativo e abrangente, considere todas as amplas áreas da sua vida. Esse Plano de Ação completo deve abranger, sem exceção, as sete áreas de sua existência:

- a física,
- a mental,
- a social,
- a espiritual,
- a financeira,
- a profissional e
- a familiar.

Sabemos muito bem que elas estão intimamente ligadas e que uma interfere na outra, portanto a divisão é mais para que se possa trabalhar pontualmente, quando necessário. E, claro, para perceber como e quando uma atua sobre a outra de maneira decisiva.

Os homens bem-sucedidos têm um forte e dominante propósito — um objetivo final suficientemente poderoso para fazê-los formar um hábito de executar coisas que os fracassados não gostam de fazer.

Todas as áreas são importantes, de maneira que nenhuma deve ser negligenciada, mesmo que à primeira vista lhe pareça menos relevante e tenha sido colocada na área assinalada como "sem importância". Esse cuidado de visualizá-las, todas, como fundamentais, é um marco essencial na catalogação dos valores por prioridades. Sim, será preciso traçar uma escala.

O progresso contínuo

Outro fator que contribui para o sucesso do seu Plano de Ação é a sua vontade de torná-lo realmente seu próprio plano pessoal. Descarte a tentação de entendê-lo como uma simples sugestão do autor do livro. Adote-o, identifique-se com ele — na realidade é seu. Nenhuma outra pessoa, por mais que siga o passo a passo, terá algo semelhante. Feito de maneira consciente e completa será como um mapa de navegação, o documento precioso sem o qual nenhum capitão de barco ou piloto de avião se arriscam a atuar. É de sua exatidão que dependerá o conjunto de benefícios daí para a frente sempre disponível para você. Certifique-se de trabalhar com afinco nesse instrumento de garantia de sucesso contínuo.

O Plano de Ação é seu e entre outras vantagens vai permitir que você tenha sempre em mente seus talentos, habilidades, conhecimentos e, sobretudo, a capacidade de mudar quando é preciso. Você reconhecerá os sinais.

É o seu instrumento por excelência para romper as circunstâncias adversas que até o momento trabalharam contra você, ao concorrer para uma atitude estacionária — aquela velha conhecida de deixar como está para ver como é que fica. Acredite, a partir dele, você terá fé em seu potencial, de maneira a transformá-lo em realidade. É uma eterna conta de somar, um progresso contínuo.

As etapas da elaboração

É recomendável que você preencha seu Plano de Ação somente após ter compreendido perfeitamente todos os capítulos deste livro. Ele é dividido em duas partes: Meu Plano de Ação Pessoal e Metas Alcançadas. Cada uma delas tem subdivisões. A seqüência completa segue o seguinte esquema:

1. MEU PLANO DE AÇÃO PESSOAL

Contempla as sete amplas áreas da sua vida: física, mental, social, espiritual, profissional, financeira e familiar. Cada uma está assim organizada:

A. Questionário de auto-avaliação;
B. Prioridades de valores;
C. Modelos de metas escritas.

Cada série de Modelos de Metas está assim configurada:

1. Metas catalogadas;
2. Obstáculos e empecilhos;
3. Soluções para vencer os obstáculos;
4. Datas determinadas para atingir a sua meta;
5. Recompensas que você obtém pessoalmente, uma vez atingida a sua meta;
6. Progresso atual;
7. Afirmações;
8. Auxiliares visuais.

2. METAS ALCANÇADAS

Aqui, você catalogará suas realizações em cada uma das sete áreas da sua vida.

Algumas pessoas têm um desejo incomum de melhorar, aperfeiçoar-se e progredir, enquanto outras, a maioria, apenas se contentam em deixar-se levar pelo destino e aceitam as coisas como elas chegam. Estudiosos que pesquisaram, ao longo de mais de 20 anos, a razão dessa diferença, concluíram que a motivação para que as pessoas realizem algo pode ser isolada e desenvolvida. Desde que haja certas condições controladas, a saber:

1. O indivíduo precisa fixar metas;
2. As metas precisam ser realistas e atingíveis;
3. Quem fixar metas precisa ter uma demonstração periódica de seu progresso.

Este capítulo das "Metas Alcançadas" do seu Plano de Ação Pessoal é inteiramente dedicado à terceira: **dar-lhe um informe substancioso e periódico do seu próprio sucesso.**

Manter um relatório das metas que você já atingiu é um alicerce moral que incentivará a sua autoconfiança a fixar outras, progressivamente mais altas. É um instrumento fundamental de contínuo aperfeiçoamento. Vai funcionar como uma couraça contra os ataques da dúvida, do medo, da preocupação e da indecisão.

Há um espaço para catalogar suas realizações em cada uma das sete áreas da sua vida. Correspondem às sete planilhas do seu Plano de Ação Pessoal. Mantenha em dia este capítulo das "Metas Alcançadas". Todas as vezes que você **atingir** uma meta, seja ela de curto ou longo prazo, anote-a. Cada realização ajuda a formar o hábito do sucesso. Revê-las aumentará o seu sentimento de sucesso, reforçando seu desejo e intensificando a sua motivação.

Utilize o capítulo das "Metas Alcançadas" também para manter um balanço de todas as áreas de desenvolvimento. Nas revisões, pode acontecer que descubra ou mantenha aceso o alerta para as áreas que negligenciou.

Quando for alguma área específica, não é algo muito significante. O fundamental é que você não esqueça áreas em que tenha marcado valores altamente prioritários. Se isso ocorrer, reconduza o seu pensamento, descubra quais as suas fraquezas e concentre-se em adicionar realizações naquela área específica, não desenvolvida, da sua vida.

Manter o capítulo das "Metas Alcançadas" em dia tem o enorme valor intrínseco de satisfazer o ego. É de valia inestimável na construção do auto-respeito, da autoconfiança e da autodeterminação.

O seu Plano de Ação Pessoal tem o intuito de auxiliar a ordenação de um programa de metas e valores que estimulem um grau mais elevado de automotivação. O uso efetivo do Plano ajuda a alcançar a automotivação que só pode ser conseguida quando você segue um processo ordenado de escrever as suas Metas Pessoais. Esse processo é detalhado no Guia para Execução, a seguir.

Guia completo para a execução

Tudo o que você vai fazer agora depende de ter gravado e consolidado o momento anterior, ou seja, a passagem pelas várias etapas da dinâmica do desenvolvimento pessoal. Atenção: antes, é fundamental ter compreendido perfeitamente os princípios envolvidos no Plano de Ação. Tudo certo? Está cumprida a preparação para começar a preencher esta parte do seu Plano de Ação Pessoal. É o momento exato de sistematizar e cristalizar o seu pensamento em relação às suas metas pessoais. Gaste o tempo que julgar necessário para empenhar-se completa e cuidadosamente nesse trabalho.

O Guia para Execução é apresentado de forma esquemática. Siga o esquema cuidadosamente, dando cada passo na seqüência determinada. Assegure-se de que compreende qual o apelo de cada uma das etapas e lembre-se de que o sucesso do Plano de Ação depende de quatro compromissos principais:

A. Honestidade total;
B. Coragem e confiança para fixar suas metas num plano realisticamente elevado;
C. Determinação para transformar seus planos em ação;
D. Convicção de que suas metas serão atingidas.

1. Questionário de auto-avaliação

Antes de estabelecer quaisquer metas ou formular planos para o futuro, saiba onde você se encontra agora. O presente questionário destina-se a ajudar a responder essa questão. As propostas são alusivas a uma determinada área da sua vida, mas há perguntas simbólicas, formuladas para estimular a reflexão mais profunda. Se desejar, amplie por conta própria essas indagações, modifique-as ou adicione outras que contribuam para dar maior significado às suas respostas. Você está na liderança do processo. Aproveite ao máximo!

A. Ao considerar cada pergunta, mantenha sempre em mente a natureza confidencial e estritamente pessoal do seu Plano. Ele não precisa ser visto por ninguém (a não ser talvez, em algumas áreas, por pessoas que compartilhem aquela área com você). Nas questões pontuais, responda com um simples "sim" ou "não". O conjunto tem a finalidade de identificar não apenas opiniões (frutos da mente) como também seus sentimentos.
B. Seja totalmente honesto e concentre-se em responder com um simples "sim" ou "não" a todas as perguntas. Mas lembre-se de que se trata de um questionário de auto-análise e tem a finalidade de identificar seus sentimentos e opiniões a respeito de todas as áreas da sua vida. Aponte "sim" ou "não" a cada pergunta feita.

C. Depois de ter respondido a todas as perguntas do Questionário de Auto-Avaliação, volte outra vez à primeira questão e leia a sua resposta. Presumindo que você tenha respondido com honestidade àquela indagação, pergunte-se: *Estou satisfeito(a)/feliz com a minha resposta?* Se estiver, fique com ela. Se não, reveja as outras opções. Faça isso com todas as demais perguntas.

2. A necessária priorização

Trabalhe com a idéia da contemporização, mesmo quando se trata de escolher duas metas igualmente desejáveis, mas diametralmente opostas. Por exemplo: suponhamos que na busca de segurança financeira uma pessoa tenha a oportunidade de aumentar substancialmente sua renda, aceitando uma posição que requeira viagens freqüentes e longas. Mas ela também tem como meta passar mais tempo com seu filho ou filha adolescente. Um impasse como esse só pode ser resolvido com a priorização de valores, previamente estabelecida. É o que permitirá fazer uma escolha racional sem a tensão emocional que acompanha as decisões repentinas.

Estabeleça uma escala de Prioridade de Valores em cada uma das áreas de sua vida, seguindo os passos seguintes:

A. Revise suas perguntas e respostas, dando particular atenção àquelas respostas marcadas com "+".
B. Converta cada pergunta "+" numa afirmativa ou proposição daquilo em que você crê.
C. Lembre-se de que o que você deixa de mencionar é tão importante quanto aquilo que inclui, uma vez que metas específicas precisam estar baseadas em valores suficientemente importantes para serem incluídos na sua lista de alta prioridade.
D. Se você der alta prioridade a algum valor sugerido por uma per-

gunta cuja resposta foi "–", tenha cuidado.

Vale uma nova reflexão a respeito. O fato de marcar a resposta com um "–" evidencia que este item não é prioritário em sua lista de valores no momento. Se você o escolheu para torná-lo prioritário para o futuro, então coloque-o na sua lista de valores, mas assinale-o e dê-lhe atenção especial. Não é fácil realizar mudanças bruscas em atitudes conscientes, mas é possível, sim. Se esta fora sua escolha, trate de garantir uma proposição afirmativa para aquele valor, da mesma forma como fez com aqueles que você respondeu com "+".

E. Depois de ter completado a sua lista de afirmações e convicções, estude as duas situações cuidadosamente pesando uma contra a outra; avalie cada uma em relação a uma escala decrescente, da mais importante à mais insignificante. O valor que você atribuir a cada uma deve ser unicamente seu em todos os aspectos, uma vez que elas constituirão a base-suporte das suas metas a longo e curto alcance. Faça a sua lista tão extensa quanto quiser e assegure-se de que ela representa o que é mais importante para você.

Você atinge o último degrau da fixação da Prioridade de Valores quando toma as listas de cada uma das sete áreas de sua vida e as coloca lado a lado, tornando a numerá-las em uma lista mestra de valores, que representa a sua inteira personalidade. A honestidade é fundamental para que este profundo exercício seja profícuo — será fundamental especialmente quando for preciso admitir um certo valor que não pareça particularmente lisonjeiro.

3. A fixação de metas

A razão que impede muita gente de fixar metas é porque ninguém sabe por onde começar, exatamente por não ter a menor idéia de onde se encontra agora. Sem este dado fundamental, é impossível determinar a direção a seguir. Seria mais ou menos como estar em um deserto, em meio a uma tempestade de areia, ou em alto-mar, em plena tormenta, sem nenhum instrumento capaz de indicar a localização. Metade das perguntas de auto-análise que você acaba de responder tem a ver com a determinação do ponto em que se encontra agora. A outra metade indica a direção a seguir, com base na referência que as primeiras ofereceram. É preciso compreender bem o valor da Visualização e da Crença para descobrir não só o rumo, mas o destino específico que você deseja alcançar.

Para compreender bem do que se trata, vou lançar mão de um exemplo da área da Vida Física para fixar algumas metas hipotéticas. Muitas pessoas responderão de forma afirmativa à primeira pergunta: "A saúde física tem grande importância para mim?". Isto pode ser convertido em uma proposição afirmativa e colocada no topo da lista de prioridades físicas, assim: "Lutarei para manter boas condições de saúde física e mental".

Suponhamos, entretanto, que você tenha respondido à pergunta "O meu peso é condizente com uma ótima saúde?" negativamente. Você respondeu "não" e depois assinalou a pergunta com um "–", indicando que não se satisfez com a resposta dada honestamente. Imediatamente, uma meta é sugerida. Você deve escrevê-la desta maneira: "Vou perder peso até que fique abaixo dos 80 quilos". Esta é uma meta tangível e, seja a longo ou curto prazo, depende tão-somente de seu peso atual. Examine as páginas-modelo de seu Plano de Ação e verificará que há espaços previstos para **metas a longo ou curto prazo**. Cada um está depois dividido em metas tangíveis e intangíveis.

A. **Metas a longo prazo** — Classificar uma meta como de longo ou de curto prazo depende, de alguma forma, da natureza da própria meta. Mas também tem relação com sua experiência passada em fixar metas e com sua capacidade de visualização. O que pode ser considerado uma meta a longo prazo para um novato, pode ser uma meta a curto prazo para a pessoa que é veterana em trabalhar com esse instrumento ou, ainda, para a pessoa que desenvolveu sua força de visualização até um grau "bom". O mais prático é fixar metas a longo prazo tão longe quanto se possa visualizar, acreditando na própria capacidade de chegar lá.

B. **Metas a curto prazo** — Quanto mais curto o alvo das nossas metas, mais confiança temos em nossa habilidade para alcançá-las, particularmente se tivermos pouca experiência para fixar metas. Reduzir o peso para 80 quilos pode ser fácil para quem pesa 87 quilos, mas será uma meta a longo prazo na mente da pessoa que pesa 120 quilos. Somente se a pessoa mais gorda tiver a visão e a perspectiva para ver as coisas claramente daí a dez ou vinte anos, será ela capaz de classificar a sua perda de peso como uma meta a curto prazo. Mais provavelmente ela fixará a perda total de peso como meta a longo prazo e, então, fixará como meta a curto prazo pesar 110 quilos em poucos meses.

C. **Metas tangíveis** — São, obviamente, as que se pode sentir pela percepção sensorial. Neste caso, o exemplo de chegar a pesar os 80 quilos é tangível. Podemos ver o resultado em um espelho ou na balança. Podemos senti-lo, talvez, pela forma como nossas roupas caem bem e pelo nosso bem-estar geral. Há outros tipos de metas tangíveis representados pelo mundo das "coisas", como por exemplo ter em casa, a longo prazo, uma sala de recreação e ginástica, de modo a facilitar o hábito saudável de fazer exercícios.

D. Metas intangíveis — Constituem as mudanças internas necessárias para atingir metas mais tangíveis. Freqüentemente envolvem mudanças das características da nossa personalidade, que precisam ser desenvolvidas.

Suponhamos, por exemplo, que você tenha respondido negativamente às perguntas "*Nas férias, sou capaz de dissociar-me de meu trabalho? Minha mente volta e meia escapa para o escritório e seus problemas?*" da área física. Descobre, depois, que nos feriados e férias é incapaz de se esquecer de seu trabalho. Sua mente persiste em desviar-se para o escritório e você fica imaginando as coisas que estão sendo feitas durante a sua ausência. Você sabe que, para o próprio interesse da sua saúde, deveria relaxar, ocupando-se apenas do lazer, mas nesse caso — se você for um *workaholic* — terá de providenciar uma drástica mudança de atitude, a partir de uma consistente alteração interior. Você precisa valorizar sua saúde, refletir sobre a real finalidade das férias e mudar sua perspectiva mental com relação a elas. Se, no seu melhor julgamento, esta é uma boa escolha, você pode fixar metas como: "Durante os feriados ou o período de férias colocarei de lado os meus negócios, procurando descansar, a fim de que possa executar melhor ainda meu trabalho na volta". Lembre-se de que mudar atitudes requer mais tempo, portanto recomendo catalogar essa meta entre as de longo prazo, para prática continuada, e de curto prazo para o primeiro feriado prolongado.

Obstáculos e empecilhos — Depois de ter definido suas metas como resultados pelos quais vale a pena lutar, sempre surge a pergunta: "Se é isso que eu quero, por que não consegui, antes?". Ou, ainda: "Quais as circunstâncias, condições ou razões que impediram (ou dificultaram) a consecução das metas?". É nesta parte do Plano de Ação que você vai refletir a respeito. Não é raro ter vários obstáculos enumerados em oposição a cada meta. Seu plano escrito poderá ser um esboço aumentado ou terá o formato de um leque, à medida que cada meta tenha em oposição vários obstáculos e que cada obstáculo tenha mais de uma solução.

Se sua meta é perder peso até chegar aos 80 quilos, os obstáculos podem ser, entre outros:

1. Minha esposa é uma excelente cozinheira e não gosta de ver comida desperdiçada, e aprecia um elogio à sua habilidade culinária, consubstanciado ao fato de não sobrarem restos no prato ou mesmo de solicitar a repetição (o mesmo vale para um marido que habitualmente assuma o comando das panelas);
2. Meu trabalho atual tem um horário e rotina que não me deixam tempo para praticar exercícios;
3. A natureza de minhas obrigações funcionais e sociais é tal que faço as refeições mais pesadas à noite, quase sempre à hora em que devo dormir.

Soluções — Uma vez isolados os motivos que justificam o fato de você ainda não ter o que realmente quer, as soluções aparecem quase automaticamente. No caso da perda de peso, estamos fartos de saber quais são as melhores saídas:

1. Solicitar ao mestre-cuca doméstico uma ajuda especial, no sentido de reduzir o teor calórico do menu;
2. Diminuir a quantidade de comida ingerida em cada refeição, pedindo auxílio também, para que haja menor produção de modo a evitar desperdícios:
3. Incluir exercícios físicos na rotina diária, alterando — se for preciso — o horário de despertar;
4. Caso não seja possível eliminar o jantar tardio, selecionar o tipo e diminuir a quantidade de comida, se preciso ampliando a dose do almoço;

5. Fixar datas: quem vive brigando com a balança sabe, por experiências anteriores, quanto tempo leva para perder peso, assim trata-se, apenas, de calcular a relação tempo-quilos e estabelecer um prazo determinado para baixar ao limite desejado. Essa recomendação vale para todas as outras metas, inclusive de *up-grade* na carreira profissional, para o que deve considerar o período necessário (por exemplo) ao desenvolvimento de novas habilidades por cursos formais.

Prêmios e recompensas — Fixar metas têm de ser complementado com a devida comemoração, consubstanciada em prêmios e recompensas, sob variadas formas: reais e tangíveis ou nebulosamente descritas como "aumento de satisfação". Quando se perguntou a sir Thomas Hillary porque galgou o monte Everest, ele retrucou: "Porque ele estava lá". Com a mesma simplicidade, o escritor mineiro Ivan Ângelo, autor de obras como *A festa* e *A casa de vidro* respondeu quando inquirido sobre o que o levava a fazer livros: "Porque sei escrever". Cada pessoa sabe muito bem de seus impulsos e talentos e isso também serve para a fixação de recompensas, pois elas têm um significado eminentemente pessoal, que tem a ver com o sistema de valorização de cada pessoa. Assim, como exemplo, os prêmios para a perda de peso podem ser:

1. A certeza de melhorar a saúde e assim reduzir o risco de doenças;
2. A satisfação de melhorar a aparência, ficando mais atraente para os seres mais queridos e próximos, bem como para os clientes;
3. Porque as roupas cairão melhor e não terá de repor o guarda-roupa com tanta freqüência;
4. Porque as recomendações (aos filhos) para a prática de esportes estarão respaldadas em exemplo, o que é bem mais eloqüente.

Valerá a pena? — Somente depois de ter progredido até este ponto no desenvolvimento de seu plano para atingir cada meta separadamente, você terá condições de testar seu desejo e determinação. Terá de expor completamente o seu plano para atingir cada meta, de modo a visualizar claramente os obstáculos, as soluções e as recompensas, antes de poder avaliar com propriedade cada meta e responder à pergunta "vale a pena?". Esta é a hora do teste. Se sua resposta for não, elimine a meta, com plena consciência do motivo dessa rejeição. Com tal cuidado, você evita sentimentos de culpa sempre presentes quando nos predispomos a fazer o que ainda não podemos. Por outro lado, se as recompensas valerem a pena o esforço, o seu desejo e a sua determinação se intensificarão enormemente.

Progresso atual — Todas as pessoas precisam de encorajamento ocasional, particularmente quando procuram efetivar uma meta a longo prazo. Será extremamente útil escrever o progresso conquistado em direção às suas metas. É algo que ajuda a construir autoconfiança, fundamental até mesmo em momentos de esmorecimento, por parecer que tarda muito a alcançar as metas propostas. Basta verificar, na coluna correspondente, o quanto progrediu — só como reforço. Reflita, inclusive, se já não executou a parte mais árdua do processo, de maneira que seria um contra-senso desperdiçar esse feito com uma desistência. Guarde o relatório de seu programa atual como um estimulante para continuar até atingir sua meta.

Auxiliares para a visualização — Para visualizar melhor as recompensas que terá quando atingir sua meta, está previsto um espaço onde você incluirá ilustrações que ajudem a simbolizar a meta. Fotografias, por exemplo. Esses auxiliares visuais ajudarão a manter a sua motivação, porque enquanto visualiza sua meta já efetivada, diretamente ou na sua imaginação, você experimenta uma afirmação positiva que amplia sua energia e ajuda a chegar lá. No exemplo já mencionado, da perda de peso, você poderá usar uma fotografia de quando realmente pesava 80 quilos, ou mesmo a imagem de alguém que corresponda ao que você deseja alcançar.

Afirmações verbais — A fim de dar vida às suas metas, você deverá, neste momento, fazer uma série de "afirmações verbais" referentes a cada um de seus objetivos para cada área de sua vida. Depois de polir e rever as suas afirmações, até sentir razoável satisfação, você talvez ache necessário rever a prioridade de valores que, neste momento, deve estar em suas mãos.

É um passo importante, porque muitas das mudanças internas necessárias para atingir as suas metas podem ser características de personalidade, que antes não faziam parte de seu sistema de valores.

Metas alcançadas — Mais importante até do que o relatório do progresso conseguido, é a parte destinada a registrar a lista de metas alcançadas. É a demonstração cabal do sucesso. Mantenha sempre completa e atualizada essa parte. Valorize a simplicidade em seu Plano de Ação. Não subestime nada por acreditar que falta sofisticação. Cada pincelada de Rembrandt, de Michelangelo, de Picasso, de Monet — entre outros gênios da arte — era apenas uma simples marca de tinta sobre a tela, mas o resultado final, uma obra-prima. Cada passo que você dá para preencher o seu plano é simples, mas aumentará o seu desejo e intensificará a sua motivação. O plano que você idealizou para a sua vida pode tornar-se uma obra-prima, com a utilização máxima do seu potencial!

ÁREA FÍSICA

PERGUNTAS DE AUTO-AVALIAÇÃO

	SIM	NÃO	+	–
O bom estado de saúde física é importante para mim?				
Os meus hábitos estão de acordo com uma boa saúde?				
Gozo de boa saúde?				
Preciso de atenção médica no momento?				

	SIM	NÃO	+	–
Minhas atitudes em relação à saúde condizem com os melhores interesses de minha família?				
Tenho alguma espécie de seguro-saúde ou contra acidentes?				

	SIM	NÃO	+	–
Fiz um *checkup* completo no ano passado?				
Fui ao dentista nos últimos 8 meses?				
Fui ao oftalmologista no ano passado?				
Tenho um programa regular de *checkup* de saúde?				

	SIM	NÃO	+	–
Sei como reconhecer com rapidez os sinais das maiores causas de morte, como o câncer e os perigos cardíacos?				
Conheço os sinais de fadiga mental e esgotamento nervoso?				
Sei como reagir inteligentemente a tais sinais?				

	SIM	NÃO	+	–
Meu nível de energia é sempre suficiente para o trabalho que faço?				

	SIM	NÃO	+	–
Meu trabalho envolve algum esforço ou exercício físico?				
Trabalho muitas horas sem descanso com freqüência?				
Deixo freqüentemente de almoçar ou como apressadamente?				

ÁREA FÍSICA

	SIM	NÃO	+	–
Faltei ao trabalho mais que três dias no ano passado?				
Faltei ao trabalho mais que três semanas nos últimos cinco anos?				
O intervalo entre as faltas foi inferior a três meses?				

	SIM	NÃO	+	–
Tenho um planejamento adequado para descanso e recreação?				
Uso meu tempo de recreação apenas com atividades de espectador?				

	SIM	NÃO	+	–
Pratico algum esporte ou exercício físico?				
Pratico tanto exercício quanto preciso?				
Pratico o tipo correto de exercício?				

	SIM	NÃO	+	–
Tenho um programa sistemático de adaptação física?				
Hábitos mais sadios melhorariam a minha adaptação física?				
Tenho alguns hábitos que poderiam aumentar a probabilidade de uma doença grave?				

	SIM	NÃO	+	–
Sou do tipo "esportivo"?				
Gosto de esportes em que sou mero espectador?				
Gosto de andar?				

	SIM	NÃO	+	–
Tirei férias realmente proveitosas no ano passado?				
Tirei férias de duas semanas ou até mais longas nos últimos cinco anos?				
As minhas férias foram tão movimentadas que voltei esgotado?				

ÁREA FÍSICA

	SIM	NÃO	+	–
Nas férias sou capaz de dissociar-me de meu trabalho?	☐	☐	☐	☐
Minha mente volta e meia escapa para o escritório e seus problemas quando estou de férias?	☐	☐	☐	☐

	SIM	NÃO	+	–
Meu peso condiz com um estado ótimo de saúde?	☐	☐	☐	☐
Sou um adepto da contagem de calorias?	☐	☐	☐	☐
Consigo seguir uma dieta equilibrada?	☐	☐	☐	☐
Como somente os pratos de que gosto?	☐	☐	☐	☐

	SIM	NÃO	+	–
Tenho algum mau hábito específico que gostaria de abandonar?	☐	☐	☐	☐
Existem alguns bons hábitos que eu deveria adquirir ou desenvolver?	☐	☐	☐	☐

	SIM	NÃO	+	–
Sou persuasivo e confiante quando me encontro em um grupo de pessoas?	☐	☐	☐	☐
Sou um bom papo?	☐	☐	☐	☐
Consigo improvisar bem?	☐	☐	☐	☐
Sou dos que sempre fazem um "pequeno discurso"?	☐	☐	☐	☐

	SIM	NÃO	+	–
Sou um bom ouvinte?	☐	☐	☐	☐
Interesso-me realmente pelas coisas que são importantes para outras pessoas?	☐	☐	☐	☐
Sinto curiosidade intelectual pelos interesses de outras pessoas?	☐	☐	☐	☐
O grau de atenção que dispenso às pessoas depende de sua importância social?	☐	☐	☐	☐

ÁREA FÍSICA

	SIM	NÃO	+	–
Em situações sociais falo muito?	☐	☐	☐	☐
Falo muito sobre mim?	☐	☐	☐	☐
Comento sobre outras pessoas que não estejam presentes (inclusive amigos, colegas de trabalho ou meus superiores)?	☐	☐	☐	☐

	SIM	NÃO	+	–
Procuro sempre liderar discussões de grupo?	☐	☐	☐	☐
Exerço influência sobre as outras pessoas?	☐	☐	☐	☐
Sou mais fácil de me influenciar do que de influenciar as outras pessoas?	☐	☐	☐	☐

	SIM	NÃO	+	–
Recebo mais do que visito?	☐	☐	☐	☐
Convido amigos para o teatro ou para jantar com mais freqüência do que sou convidado?	☐	☐	☐	☐
Antevejo com prazer festas e reuniões?	☐	☐	☐	☐
Gosto das festas dadas em minha casa, tanto quanto das realizadas nas casas de outras pessoas?	☐	☐	☐	☐
Sou um bom anfitrião?	☐	☐	☐	☐

	SIM	NÃO	+	–
Tenho senso de humor?	☐	☐	☐	☐
Minhas brincadeiras são em geral dirigidas às outras pessoas?	☐	☐	☐	☐
Rio de mim mesmo com a mesma facilidade com que me rio dos outros?	☐	☐	☐	☐
Minha conversa é considerada mais séria do que frívola?	☐	☐	☐	☐

ÁREA FÍSICA

	SIM	NÃO	+	–
Instigo sempre uma conversa social para assuntos polêmicos?	☐	☐	☐	☐
Discuto política?	☐	☐	☐	☐
Discuto religião?	☐	☐	☐	☐
Levanto minha voz? Exalto-me?	☐	☐	☐	☐
Disputo o meu ponto de vista?	☐	☐	☐	☐
Considero-me uma criatura esclarecida?	☐	☐	☐	☐
Aceito as argumentações do meu oponente?	☐	☐	☐	☐

	SIM	NÃO	+	–
Tenho um programa regular de atividades sociais?	☐	☐	☐	☐
Lembro-me das ocasiões especiais (como aniversários) na vida de meus amigos?	☐	☐	☐	☐
Tenho interesse genuíno no sucesso deles?	☐	☐	☐	☐
Nos seus problemas?	☐	☐	☐	☐
Nas suas famílias?	☐	☐	☐	☐
Nos seus filhos?	☐	☐	☐	☐

	SIM	NÃO	+	–
Vejo as pessoas apenas como um meio para atingir determinado fim?	☐	☐	☐	☐
Meu comportamento é algumas vezes hipócrita?	☐	☐	☐	☐
Sou inconstante?	☐	☐	☐	☐

	SIM	NÃO	+	–
Considero as pessoas pelo seu valor aparente?	☐	☐	☐	☐
Faço o impossível para honrar minha palavra?	☐	☐	☐	☐
Os meus princípios estão baseados no que as outras pessoas pensam de mim?	☐	☐	☐	☐

ÁREA FÍSICA

	SIM	NÃO	+	–
Tenho uma atitude em geral otimista em relação à sociedade em que vivo?	☐	☐	☐	☐
Sou sempre pessimista?	☐	☐	☐	☐
Manifesto cinismo algumas vezes?	☐	☐	☐	☐
Sou freqüentemente indiferente?	☐	☐	☐	☐
Dou importância especial aos padrões éticos e morais do mundo em que vivo?	☐	☐	☐	☐

	SIM	NÃO	+	–
Meu comportamento dá margem a que possam considerar-me, sob algum aspecto, oportunista?	☐	☐	☐	☐
Promovo a mim mesmo?	☐	☐	☐	☐
O *status* social dos amigos dos meus filhos me incomoda?	☐	☐	☐	☐

	SIM	NÃO	+	–
Confio nas pessoas?	☐	☐	☐	☐
Suspeito sempre dos outros?	☐	☐	☐	☐
Tenho uma boa-fé inabalável nas pessoas?	☐	☐	☐	☐

	SIM	NÃO	+	–
Elogio as pessoas com freqüência?	☐	☐	☐	☐
Encorajo-as?	☐	☐	☐	☐

	SIM	NÃO	+	–
Interrompo com freqüência as pessoas quando elas estão falando?	☐	☐	☐	☐
Faço perguntas que as provoquem a continuar falando?	☐	☐	☐	☐

	SIM	NÃO	+	–
Procuro falhas nas pessoas freqüentemente?	☐	☐	☐	☐
Deixo passar facilmente as falhas alheias?	☐	☐	☐	☐
Evito as pessoas em virtude das falhas que nelas observei?	☐	☐	☐	☐

ÁREA FÍSICA

	SIM	NÃO	+	–
Procuro deliberadamente contribuir com algo de mim para a vida dos outros?	☐	☐	☐	☐
Tenho para mim que algumas situações sociais contribuem mais para a minha felicidade do que outras?	☐	☐	☐	☐

	SIM	NÃO	+	–
Participo de organizações cívicas, de negócios, de caridade ou fraternais?	☐	☐	☐	☐
Essa participação é verdadeiramente ativa?	☐	☐	☐	☐
As pessoas me convidam a integrar organizações ou grupos?	☐	☐	☐	☐

	SIM	NÃO	+	–
Evito assumir atividades de uma associação ou clube se a minha função é de pequena importância?	☐	☐	☐	☐
Apresentaria as mesmas desculpas se se tratasse de liderar o projeto?	☐	☐	☐	☐
Tenho satisfação genuína de participar das organizações a que pertenço?	☐	☐	☐	☐

	SIM	NÃO	+	–
Há alguma outra área (não mencionada acima) que eu considere como atividade social?	☐	☐	☐	☐
Considero-me um líder em tal ou tais áreas?	☐	☐	☐	☐
Gostaria de sê-lo?	☐	☐	☐	☐

PRIORIDADE DOS VALORES FÍSICOS

Veja as instruções no GUIA PARA EXECUÇÃO

Um ______________________________________

____

____

ÁREA FÍSICA

Dois ______________________________

____

____

Três ______________________________

____

____

Quatro ______________________________

____

____

Cinco ______________________________

____

____

Seis ______________________________

____

____

Sete ______________________________

____

____

Oito ______________________________

____

____

ÁREA MENTAL

PERGUNTAS DE AUTO-AVALIAÇÃO

	SIM	NÃO	+	–
Como classifico minha inteligência?	☐	☐	☐	☐
Média?	☐	☐	☐	☐
Acima da média?	☐	☐	☐	☐
Abaixo da média?	☐	☐	☐	☐

	SIM	NÃO	+	–
Como classifico minha capacidade de aprendizagem?	☐	☐	☐	☐
Rápida?	☐	☐	☐	☐
Média?	☐	☐	☐	☐
Vagarosa?	☐	☐	☐	☐

	SIM	NÃO	+	–
Tenho uma formação cultural boa?	☐	☐	☐	☐
Se eu pudesse voltar atrás no tempo, procuraria ampliar o nível de minha formação cultural?	☐	☐	☐	☐

	SIM	NÃO	+	–
Considerei completa minha formação cultural ao concluir determinada etapa?	☐	☐	☐	☐
Sinto o mesmo agora?	☐	☐	☐	☐

	SIM	NÃO	+	–
Minha vocação ou profissão atuais estão no mesmo campo imaginado por mim quando ainda estava na escola?	☐	☐	☐	☐
Tive algum treinamento suplementar no meu campo profissional atual?	☐	☐	☐	☐

	SIM	NÃO	+	–
Fiz cursos de treinamento ou de atualização de natureza semicultural nos últimos dez anos?	☐	☐	☐	☐
Tomei outras providências para garantir a atualização do meu desenvolvimento mental?	☐	☐	☐	☐

ÁREA MENTAL

	SIM	NÃO	+	−
Assino revistas e informativos periódicos?	☐	☐	☐	☐
Leio todos efetivamente?	☐	☐	☐	☐

	SIM	NÃO	+	−
Considero minha educação ou treinamento convenientemente aprimorados?	☐	☐	☐	☐
Existem certas áreas do conhecimento em que me sinta lamentavelmente inadequado?	☐	☐	☐	☐
Especialmente bem informado?	☐	☐	☐	☐
Tenho um forte desejo de saber mais?	☐	☐	☐	☐

	SIM	NÃO	+	−
Acredito que sei pouco e isso me causa embaraço?	☐	☐	☐	☐

	SIM	NÃO	+	−
Considero-me altamente capaz de ligar acontecimentos diários e estabelecer relações entre seus efeitos em mim e em meu trabalho?	☐	☐	☐	☐

	SIM	NÃO	+	−
Tento predizer os resultados prováveis dos acontecimentos diários?	☐	☐	☐	☐
Adapto meus próprios planos de acordo com esses acontecimentos?	☐	☐	☐	☐
Tomo uma atitude de "esperar para ver como fica"?	☐	☐	☐	☐
Ignoro-os completamente?	☐	☐	☐	☐

	SIM	NÃO	+	−
Tenho, hoje, a mente tão alerta como nos tempos de escola?	☐	☐	☐	☐
Tenho curiosidade intelectual?	☐	☐	☐	☐

ÁREA MENTAL

	SIM	NÃO	+	–
Existem *hobbies*, ofícios, artes ou outras ocupações culturais pelos quais eu me interesse?	☐	☐	☐	☐
Cuido com prudência dos pensamentos que ocupam a minha mente, tanto quanto cuido das minhas ações?	☐	☐	☐	☐
Coquetéis, churrascos, festas, reuniões e televisão ocupam mais o meu tempo do que a leitura, o teatro, os concertos, as artes em geral?	☐	☐	☐	☐
Leio mais ficção que história, geografia e outras obras que não sejam de ficção?	☐	☐	☐	☐
Reservo parte do meu tempo para o meu desenvolvimento e aperfeiçoamento mental?	☐	☐	☐	☐

PRIORIDADE DOS VALORES MENTAIS

Veja as instruções no GUIA PARA EXECUÇÃO

Um ____________________

____

____

Dois ____________________

____

____

Três ____________________

____

____

ÁREA MENTAL

Quatro ____

____

____

Cinco ____

____

____

Seis ____

____

____

Sete ____

____

____

Oito ____

____

____

ÁREA SOCIAL

PERGUNTAS DE AUTO-AVALIAÇÃO

	SIM	NÃO	+	–
Considero-me uma pessoa simpática?	☐	☐	☐	☐
Sou do tipo sociável?	☐	☐	☐	☐

	SIM	NÃO	+	–
Gosto realmente de gente?	☐	☐	☐	☐
As pessoas reconhecem essa simpatia?	☐	☐	☐	☐
Essa simpatia parte de dentro de mim?	☐	☐	☐	☐
Essa atitude existe apenas para os que já são meus amigos?	☐	☐	☐	☐
Tenho atitudes simpáticas para com os meus sócios?	☐	☐	☐	☐

	SIM	NÃO	+	–
Recebi educação social desde a infância?	☐	☐	☐	☐
Considero importantes as regras de etiqueta?	☐	☐	☐	☐
Existe algum tabu social do qual eu me ressinta ou que rejeite?	☐	☐	☐	☐

	SIM	NÃO	+	–
Meus hábitos sociais são aceitos pelas outras pessoas?	☐	☐	☐	☐
Minha aparência e maneira de vestir são consideradas limpas e corretas?	☐	☐	☐	☐
Minha roupa é algumas vezes considerada de mau gosto ou diferente?	☐	☐	☐	☐

	SIM	NÃO	+	–
Sou respeitado pelas outras pessoas?	☐	☐	☐	☐
Mantenho os meus compromissos?	☐	☐	☐	☐
Sou pontual?	☐	☐	☐	☐

	SIM	NÃO	+	–
Escolho minhas amizades intencionalmente?	☐	☐	☐	☐
Procuro conscientemente fazer amizades?	☐	☐	☐	☐

ÁREA SOCIAL

	SIM	NÃO	+	–
Tenho um largo círculo de amizades?	☐	☐	☐	☐
Tenho vários círculos de amizades?	☐	☐	☐	☐
Tenho grupos separados de amigos em níveis sociais diversos?	☐	☐	☐	☐
Tenho amigos que não se dão entre si?	☐	☐	☐	☐

	SIM	NÃO	+	–
Sou basicamente a mesma pessoa em todos os grupos de amigos?	☐	☐	☐	☐
Adapto a minha personalidade para ajustar-me ao grupo de amigos?	☐	☐	☐	☐

	SIM	NÃO	+	–
Tenho um grupo "fechado" de amigos íntimos?	☐	☐	☐	☐
Compartilho com eles pensamentos ou problemas pessoais e íntimos?	☐	☐	☐	☐
Eles compartilham seus pensamentos ou problemas pessoais comigo?	☐	☐	☐	☐

	SIM	NÃO	+	–
Considero a amizade necessária?	☐	☐	☐	☐
Sempre espero favores especiais dos meus amigos?	☐	☐	☐	☐
Sinto constrangimento em solicitar deles um favor quando preciso?	☐	☐	☐	☐

	SIM	NÃO	+	–
Os meus amigos sempre me solicitam favores especiais?	☐	☐	☐	☐
Incomoda-me ajudá-los quando solicitado?	☐	☐	☐	☐
Ofereço ajuda, conselhos ou sugestões voluntariamente?	☐	☐	☐	☐

ÁREA SOCIAL

	SIM	NÃO	+	–
Aprendo algo com meus amigos?	☐	☐	☐	☐
Respeito geralmente as suas opiniões?	☐	☐	☐	☐
Escuto-os antes de formar minha própria opinião?	☐	☐	☐	☐
Julgo secretamente os meus amigos enquanto estou escutando suas opiniões?	☐	☐	☐	☐
Considero um privilégio tê-los conhecido?	☐	☐	☐	☐

	SIM	NÃO	+	–
Sinto-me confiante e encaro ponderadamente situações sociais novas?	☐	☐	☐	☐
Alguma vez já aconteceu que a falta de ponderação me impedisse de atingir importantes metas?	☐	☐	☐	☐

	SIM	NÃO	+	–
Sempre me lembro dos nomes das pessoas quando as encontro?	☐	☐	☐	☐
Olho-as dentro dos olhos?	☐	☐	☐	☐
Tenho um aperto de mão firme?	☐	☐	☐	☐
Sorrio naturalmente?	☐	☐	☐	☐

	SIM	NÃO	+	–
Dou sempre muita importância ao falar com pessoas estranhas?	☐	☐	☐	☐
Tomo a iniciativa de apresentar-me?	☐	☐	☐	☐
Acho importante reconhecer todas as pessoas quando entro numa sala?	☐	☐	☐	☐

PRIORIDADE DOS VALORES SOCIAIS

Veja as instruções no GUIA PARA EXECUÇÃO

Um ____

____

____

ÁREA SOCIAL

Dois ______________________________

____

____

Três ______________________________

____

____

Quatro ______________________________

____

____

Cinco ______________________________

____

____

Seis ______________________________

____

____

Sete ______________________________

____

____

Oito ______________________________

____

____

ÁREA FINANCEIRA

PERGUNTAS DE AUTO-AVALIAÇÃO

	SIM	NÃO	+	–
Dou ênfase apropriada ao desenvolvimento financeiro em minha vida?	☐	☐	☐	☐
Dou ênfase demais?	☐	☐	☐	☐
Dou ênfase de menos?	☐	☐	☐	☐

	SIM	NÃO	+	–
A maturidade em questões financeiras causa problemas para mim?	☐	☐	☐	☐
Sempre cedo à tentação de me equiparar a pessoas em melhores condições financeiras que a minha?	☐	☐	☐	☐
Invejo a casa, o automóvel e as roupas dos meus amigos e sócios?	☐	☐	☐	☐
Tenho orgulho dos bens materiais que proporciono à minha família?	☐	☐	☐	☐
Sobrecarrego-me de obrigações para proporcionar mais à minha família?	☐	☐	☐	☐

	SIM	NÃO	+	–
Cuido apropriadamente das necessidades financeiras de minha família no presente momento?	☐	☐	☐	☐
Fiz previsões adequadas para o futuro?	☐	☐	☐	☐

	SIM	NÃO	+	–
Temos um orçamento efetivo?	☐	☐	☐	☐
Ficamos dentro dele?	☐	☐	☐	☐
Ajusto-o às novas situações?	☐	☐	☐	☐
Ele é fonte de discussão na família?	☐	☐	☐	☐

ÁREA FINANCEIRA

	SIM	NÃO	+	–
Procedo com maturidade em meus gastos?	☐	☐	☐	☐
Tenho tendência a gastar impulsivamente?	☐	☐	☐	☐
Gasto, em geral, o meu dinheiro nas coisas certas?	☐	☐	☐	☐

	SIM	NÃO	+	–
Administro minhas finanças domésticas tão bem quanto administro as finanças em meu negócio?	☐	☐	☐	☐
Possuo um programa regular de economia e/ou investimento?	☐	☐	☐	☐
Esse programa aumentou progressivamente a cada ano, na última década?	☐	☐	☐	☐
Economizo ou invisto parte de minha renda?	☐	☐	☐	☐
A quantia é adequada?	☐	☐	☐	☐

	SIM	NÃO	+	–
Fico na expectativa de que minha situação financeira melhore sem desejar pagar o preço correspondente?	☐	☐	☐	☐
Que posso fazer para aumentar meus bens no próximo ano?	☐	☐	☐	☐
Considerando que eu aumente meus bens, quais as possibilidades de aumento de meus ganhos?	☐	☐	☐	☐

	SIM	NÃO	+	–
Meus rendimentos aumentaram satisfatoriamente e de forma regular?	☐	☐	☐	☐
Minha renda aumentou progressivamente a cada ano, na última década?	☐	☐	☐	☐
Espero alimentá-la progressivamente a cada ano, na próxima década?	☐	☐	☐	☐
Estou sendo mais bem pago do que mereço?	☐	☐	☐	☐
Menos do que mereço?	☐	☐	☐	☐

ÁREA FINANCEIRA

	SIM	NÃO	+	–
Vivo dentro da minha renda?	☐	☐	☐	☐
Meus gastos são compatíveis com o que ganho?	☐	☐	☐	☐
Compro coisas impulsivamente?	☐	☐	☐	☐
Economizo para, especialmente, adquirir algo que quero?	☐	☐	☐	☐

	SIM	NÃO	+	–
Perco dinheiro com excesso de compras a prazo?	☐	☐	☐	☐
Tenho cartões de crédito?	☐	☐	☐	☐
Todos os membros da família usam esses cartões?	☐	☐	☐	☐
É usual uma só pessoa fazer a maior parte das compras previstas no orçamento?	☐	☐	☐	☐
Encarrego-me das contas e emito os cheques?	☐	☐	☐	☐

	SIM	NÃO	+	–
Sei como usar o crédito para habilmente fazer dinheiro?	☐	☐	☐	☐

	SIM	NÃO	+	–
É adequado o meu programa de seguros?	☐	☐	☐	☐
É adequado o meu seguro de vida?	☐	☐	☐	☐
É adequado o meu seguro contra incêndio e roubo de minha casa?	☐	☐	☐	☐
É adequado o meu seguro de saúde e de despesas hospitalares?	☐	☐	☐	☐

	SIM	NÃO	+	–
Todas as apólices estão com a mesma companhia ou com o mesmo corretor?	☐	☐	☐	☐
Deveriam estar?	☐	☐	☐	☐

	SIM	NÃO	+	–
Tenho inteligentemente observado como outras pessoas de minha posição fazem para obter o máximo das suas oportunidades financeiras?	☐	☐	☐	☐
Há valor nisso?	☐	☐	☐	☐

ÁREA FINANCEIRA

	SIM	NÃO	+	–
Gozo de bom crédito?	☐	☐	☐	☐
Pago minhas contas pontualmente?	☐	☐	☐	☐
Isso tem grande importância?	☐	☐	☐	☐
Deveria melhorar meus esforços para obter crédito?	☐	☐	☐	☐

	SIM	NÃO	+	–
Procuro solidificar diariamente meu crédito pessoal?	☐	☐	☐	☐
Isso teria algum valor?	☐	☐	☐	☐
Meus rendimentos aumentaram consistemente?	☐	☐	☐	☐

	SIM	NÃO	+	–
Comprar e vender com sabedoria é algo que diz respeito a toda a família?	☐	☐	☐	☐
Um dos membros deve assumir a maior parte das responsabilidades?	☐	☐	☐	☐

	SIM	NÃO	+	–
Já sonhei em herdar ou ganhar uma enorme soma em dinheiro?	☐	☐	☐	☐
Sei o que realmente faria se recebesse tal quantia?	☐	☐	☐	☐
Teria de imaginar?	☐	☐	☐	☐

	SIM	NÃO	+	–
Existe alguém que eu tenha como conselheiro de seguros?	☐	☐	☐	☐
Como conselheiro financeiro?	☐	☐	☐	☐
Como conselheiro de investimentos?	☐	☐	☐	☐

	SIM	NÃO	+	–
Poderia eu arcar com minhas obrigações financeiras, se precisasse ficar sem trabalhar por um período de 6 meses?	☐	☐	☐	☐

ÁREA FINANCEIRA

PRIORIDADE DOS VALORES FINANCEIROS

Veja as instruções no GUIA PARA EXECUÇÃO

Um ______________________________

Dois ______________________________

Três ______________________________

Quatro ______________________________

Cinco ______________________________

Seis ______________________________

Sete ______________________________

Oito ______________________________

ÁREA ESPIRITUAL

PERGUNTAS DE AUTO-AVALIAÇÃO

	SIM	NÃO	+	–
Sinto-me de alguma forma moral ou eticamente responsável pelo bem-estar de outra pessoa?	☐	☐	☐	☐
Essa responsabilidade tem fronteiras geográficas?	☐	☐	☐	☐
Tem fronteiras nacionais?	☐	☐	☐	☐
Tem fronteiras raciais?	☐	☐	☐	☐

	SIM	NÃO	+	–
Acredito no "dar aos pobres"?	☐	☐	☐	☐
Acredito em contribuir com organizações internacionais, nacionais ou locais?	☐	☐	☐	☐
Fico constrangido ao entrar diretamente em contato com os menos privilegiados?	☐	☐	☐	☐
Ponho em dúvida a boa vontade ou os motivos pelos quais as pessoas trabalham em programas de assistência à pobreza?	☐	☐	☐	☐
Eu trabalharia?	☐	☐	☐	☐

	SIM	NÃO	+	–
Sou de alguma forma responsável pela conduta das pessoas?	☐	☐	☐	☐
Procuro exercer boa influência?	☐	☐	☐	☐
Deveria exercer boa influência?	☐	☐	☐	☐

ÁREA ESPIRITUAL

	SIM	NÃO	+	–
Causa algum impacto em mim ouvir falar ou ler sobre "uma nova moral"?	☐	☐	☐	☐
Curioso?	☐	☐	☐	☐
Indiferente?	☐	☐	☐	☐
Acho que é uma mudança social e que nós deveríamos nos "adaptar" a ela?	☐	☐	☐	☐
Acho que vamos ficar cansados dela?	☐	☐	☐	☐
Acho que faz parte de um novo conceito de liberdade?	☐	☐	☐	☐

	SIM	NÃO	+	–
Meus valores éticos estão baseados em axiomas, provérbios ou ditos sábios que aprendi quando criança?	☐	☐	☐	☐
Esses axiomas têm validade em minha vida hoje (eles efetivamente me influenciam)?	☐	☐	☐	☐
Procuro ensiná-los para meus filhos?	☐	☐	☐	☐

	SIM	NÃO	+	–
Honestidade e Verdade são valores que basicamente alicerçam a minha conduta diária?	☐	☐	☐	☐
Tornam-se, às vezes, um problema?	☐	☐	☐	☐
Transijo em tempo para evitar ferir outras pessoas ou ser educado?	☐	☐	☐	☐
As pessoas me consideram alguém "de palavra"?	☐	☐	☐	☐
Acho que posso ter uma atitude absolutamente honesta no meu trabalho?	☐	☐	☐	☐
Os padrões de trabalho são diferentes dos padrões pessoais?	☐	☐	☐	☐
E os sociais?	☐	☐	☐	☐

ÁREA EPIRITUAL

Meus padrões éticos contêm tantos "faço" como "não faço"? SIM NÃO + −

Deveriam conter?

Compreendo bem os valores das regras segundo as quais oriento minhas ações?

Essas regras são práticas e atuantes no mundo dos negócios?

Sigo padrões definidos com relação a assuntos morais como alcoolismo, jogo, comportamento sexual etc.? SIM NÃO + −

Sou coerente na aplicação desses padrões?

Compreendo realmente os princípios em que se baseiam minhas convicções?

Considero imorais a maconha ou drogas alucinógenas? SIM NÃO + −

Educo meus filhos de acordo com as minhas convicções?

Admiro ou invejo secretamente aqueles que quebram os "tabus da tradição"?

SIM NÃO + −

Considero o mundo perverso?

Mais agora do que 500 anos atrás?

Ficando cada vez melhor?

Sujeito a ciclos, com altos e baixos, mas basicamente o mesmo?

Os códigos morais são, na sua maioria, hipócritas?

ÁREA ESPIRITUAL

	SIM	NÃO	+	–
Sinto responsabilidade moral em usar o meu talento e a minha capacidade?	☐	☐	☐	☐
O que se tira da vida está relacionado com o grau da nossa fé ou convicção?	☐	☐	☐	☐
Tenho o tipo de mente preparada para enfrentar quaisquer desafios que apareçam em minha vida?	☐	☐	☐	☐
Necessito de mais estímulo em minha vida?	☐	☐	☐	☐

	SIM	NÃO	+	–
A necessidade espiritual é um instinto natural do homem?	☐	☐	☐	☐
Todas as idéias e conceitos humanos de Deus são necessariamente imperfeitos?	☐	☐	☐	☐

	SIM	NÃO	+	–
Pode o homem, fundamentalmente, resolver todos os "mistérios" do Universo?	☐	☐	☐	☐
Poderá o homem, eventualmente, aprender a "criar" a vida ele mesmo?	☐	☐	☐	☐
É errado tentar?	☐	☐	☐	☐
O homem precisa de Deus?	☐	☐	☐	☐
Deus "está morto"?	☐	☐	☐	☐

	SIM	NÃO	+	–
Há uma força divina que guia nossos destinos individuais?	☐	☐	☐	☐
Acredito em sorte, amuletos ou outra espécie qualquer de superstição?	☐	☐	☐	☐

	SIM	NÃO	+	–
Tenho medo de morrer?	☐	☐	☐	☐
Já li a Bíblia, realmente?	☐	☐	☐	☐
Já li o Alcorão ou outros códigos religiosos?	☐	☐	☐	☐
Teriam essas leituras a propriedade de ampliar o meu discernimento?	☐	☐	☐	☐

ÁREA EPIRITUAL

	SIM	NÃO	+	–
Sou uma pessoa religiosa?				
Sou membro de um corpo religioso ortodoxo?				

	SIM	NÃO	+	–
Sou membro de uma igreja, congregação ou sinagoga?				
Vivo segundo o credo desse grupo?				
Planejo viver de acordo com esse credo "mais tarde"?				
Sou membro apenas "no nome"?				
Contribuo para a igreja com o meu tempo e meus esforços?				
Com o meu dinheiro?				

	SIM	NÃO	+	–
Minha crença religiosa envolve um relacionamento pessoal com Deus?				
Deveria envolver?				
Dou a esse relacionamento um lugar próprio dentro de minha vida?				

	SIM	NÃO	+	–
Consigo colocar Deus em primeiro lugar, as outras pessoas em segundo, e eu em terceiro?				
Minhas convicções religiosas influenciam minhas decisões no trabalho ou em negócios?				
Em minhas atividades sociais?				
Em minhas atitudes familiares?				

	SIM	NÃO	+	–
Minhas convicções espirituais ou religiosas ajudam a manter unida a minha família?				
Dou a meus filhos treinamento ético, moral e espiritual?				
Esse treinamento é ministrado por mim ou dependo de uma escola religiosa para fazê-lo?				

ÁREA ESPIRITUAL

	SIM	NÃO	+	–
Consigo discutir minhas convicções sem me colocar na defensiva?	☐	☐	☐	☐
Tenho amigos que sejam conhecidos por suas fortes convicções espirituais?	☐	☐	☐	☐
Seu credo espiritual tem importância para mim?	☐	☐	☐	☐
Sinto-me pouco à vontade ou desconfortável com relação a eles?	☐	☐	☐	☐
Quero que meus filhos sejam como eles?	☐	☐	☐	☐
Meus amigos, com freqüência, pedem-me conselhos sobre questões espirituais?	☐	☐	☐	☐
Tenho capacidade para ajudá-los quando me solicitam?	☐	☐	☐	☐

	SIM	NÃO	+	–
Acredito na oração?	☐	☐	☐	☐
Faço orações com freqüência?	☐	☐	☐	☐
Espero resultados?	☐	☐	☐	☐

	SIM	NÃO	+	–
Sou líder em minha igreja ou congregação?	☐	☐	☐	☐
Deveria ser?	☐	☐	☐	☐
Minha atuação como líder está aumentando?	☐	☐	☐	☐
Está diminuindo?	☐	☐	☐	☐

	SIM	NÃO	+	–
Existe alguma prática moral ou religiosa que eu conservaria, mesmo que ninguém dela tivesse conhecimento?	☐	☐	☐	☐
Existem certas áreas religiosas ou morais que eu necessitaria fortalecer?	☐	☐	☐	☐
O bom estado de saúde física é importante para mim?	☐	☐	☐	☐

ÁREA EPIRITUAL

PRIORIDADE DOS VALORES ESPIRITUAIS

Veja as instruções no GUIA PARA EXECUÇÃO

Um ______________________________

____

Dois ______________________________

____

Três ______________________________

____

Quatro ______________________________

____

Cinco ______________________________

____

Seis ______________________________

____

Sete ______________________________

____

Oito ______________________________

____

ÁREA FAMILIAR

PERGUNTAS DE AUTO-AVALIAÇÃO

	SIM	NÃO	+	–
Minha família ocupa um lugar de grande importância dentro de minha vida?	☐	☐	☐	☐
Meus atos o demonstram?	☐	☐	☐	☐
Passo com minha família tanto tempo quanto deveria?	☐	☐	☐	☐
Planejo com antecedência dispor de tempo para minha família?	☐	☐	☐	☐
Deveria fazê-lo?	☐	☐	☐	☐

	SIM	NÃO	+	–
Meus filhos ficam na expectativa do meu retorno diário ao lar depois do trabalho?	☐	☐	☐	☐
Tenho tempo para eles?	☐	☐	☐	☐
Estabeleci com cada um eles um relacionamento bem delineado?	☐	☐	☐	☐
Respeitam-me?	☐	☐	☐	☐
Temem-me?	☐	☐	☐	☐
Desobedecem-me com freqüência?	☐	☐	☐	☐

	SIM	NÃO	+	–
Meus filhos pedem a minha opinião sobre suas decisões ou problemas pessoais?	☐	☐	☐	☐
Tenho um genuíno interesse por isso?	☐	☐	☐	☐

	SIM	NÃO	+	–
Meus filhos estão crescendo sem que eu realmente acompanhe esse movimento; eu os conheço bem?	☐	☐	☐	☐
Posso mudar isso?	☐	☐	☐	☐
Eles realmente me conhecem?	☐	☐	☐	☐

ÁREA FAMILIAR

	SIM	NÃO	+	–
Descarrego em casa as frustrações que tive no trabalho?	☐	☐	☐	☐
Isso perturba o relacionamento familiar?	☐	☐	☐	☐
Contribuo efetivamente para a educação de meus filhos?	☐	☐	☐	☐
Deixo essa tarefa unicamente para os professores?	☐	☐	☐	☐

	SIM	NÃO	+	–
Estou economizando para a educação de meus filhos?	☐	☐	☐	☐
Deveria estar economizando sistematicamente?	☐	☐	☐	☐

	SIM	NÃO	+	–
Estarão meus filhos educados e preparados para a universidade?	☐	☐	☐	☐

	SIM	NÃO	+	–
Ajudo meus filhos a desenvolver atitudes otimistas?	☐	☐	☐	☐
Que influência exerce minha maneira de conversar em seu linguajar?	☐	☐	☐	☐
Ajudo meus filhos a se autodisciplinarem?	☐	☐	☐	☐
Fiz todo o possível para ensinar-lhes o sentido da responsabilidade financeira?	☐	☐	☐	☐

	SIM	NÃO	+	–
Meus filhos convidam seus amigos para freqüentar a nossa casa?	☐	☐	☐	☐
Mais freqüentemente do que eles próprios vão à casa dos amigos?	☐	☐	☐	☐
Menos freqüentemente?	☐	☐	☐	☐
A casa em que moramos é do tipo em que todos os membros da família se sentem à vontade para trazer convidados?	☐	☐	☐	☐
A atmosfera familiar conduz a isso?	☐	☐	☐	☐

	SIM	NÃO	+	–
Estou educando meus filhos numa vizinhança que lhes permite o máximo desenvolvimento social, moral e educacional?	☐	☐	☐	☐

ÁREA FAMILIAR

	SIM	NÃO	+	–
Meu *status* familiar atual é melhor do que eu tive quando criança?	☐	☐	☐	☐

	SIM	NÃO	+	–
Esforço-me seriamente para compreender as necessidades de minha família?	☐	☐	☐	☐
Reconheço diferenças nas necessidades de cada um?	☐	☐	☐	☐
Atendo adequadamente às necessidades financeiras de minha família?	☐	☐	☐	☐
Fiz previsões para futuras necessidades?	☐	☐	☐	☐
Meu programa de seguro é adequado?	☐	☐	☐	☐
Fiz testamento para o caso de morte repentina?	☐	☐	☐	☐
Um grande desenvolvimento pessoal de minha parte beneficiaria direta ou indiretamente minha família?	☐	☐	☐	☐

	SIM	NÃO	+	–
Contribuo para o crescimento moral e espiritual de minha família?	☐	☐	☐	☐
Há alguma meta concreta que auxiliaria tal crescimento?	☐	☐	☐	☐

	SIM	NÃO	+	–
Assumo posição de liderança dentro da família?	☐	☐	☐	☐
Minha liderança se restringe a algumas áreas?	☐	☐	☐	☐
É ela muito restrita?	☐	☐	☐	☐

	SIM	NÃO	+	–
Assumo a responsabilidade das decisões familiares?	☐	☐	☐	☐
Minha responsabilidade é pequena?	☐	☐	☐	☐
É grande ou excessiva?	☐	☐	☐	☐
Certas decisões são sempre deixadas para outros membros da família?	☐	☐	☐	☐
Deveriam ser?	☐	☐	☐	☐
Dou a meus filhos oportunidade de serem realmente responsáveis por suas decisões?	☐	☐	☐	☐

ÁREA FAMILIAR

	SIM	NÃO	+	–
Dou amor à minha família?	☐	☐	☐	☐
Tenho tempo suficiente para estar só com minha família?	☐	☐	☐	☐
Deveríamos sair mais vezes juntos para jantar fora?	☐	☐	☐	☐
Existe algum valor nisso?	☐	☐	☐	☐
As discussões em família constituem um problema?	☐	☐	☐	☐
Isso poderia ser evitado com uma melhor planificação?	☐	☐	☐	☐
Essas diferenças são sempre resolvidas?	☐	☐	☐	☐
É sempre a mesma pessoa que consegue o que quer?	☐	☐	☐	☐
Minhas atividades familiares estão planejadas para atender os interesses de cada membro?	☐	☐	☐	☐
Alguém fica esquecido?	☐	☐	☐	☐
Repetem-se freqüentemente as ocasiões em que os membros da família fazem cada um o seu programa, independente do grupo?	☐	☐	☐	☐
As recreações da família estão adequadamente planejadas?	☐	☐	☐	☐
As férias são planejadas pela família como um grupo?	☐	☐	☐	☐
Deveriam ser?	☐	☐	☐	☐
Algum membro da família sempre prefere ficar em casa quando os outros estão fora?	☐	☐	☐	☐

ÁREA FAMILIAR

SIM NÃO + –

Todos os membros da família pertencem à mesma religião?

Têm as mesmas convicções políticas?

Assumo a liderança para determinar as convicções de minha família?

Fixo uma política familiar?

Deveria fazê-lo?

SIM NÃO + –

Temos algumas "normas de conduta dentro do lar" que tenham sido fixadas para reconhecer os direitos de cada indivíduo?

São elas as mesmas tanto para os adultos como para as crianças?

Deveriam ser?

SIM NÃO + –

Tenho secretamente um preferido dentro de minha família?

SIM NÃO + –

A saúde de minha família é adequadamente cuidada?

SIM NÃO + –

Minha família tem realmente respeito autêntico por mim?

Isso deveria ser mudado?

Eu me respeito? Realmente?

ÁREA FAMILIAR

PRIORIDADE DOS VALORES FAMILIARES

Veja as instruções no GUIA PARA EXECUÇÃO

Um ____________________

____

Dois ____________________

____

Três ____________________

____

Quatro ____________________

____

Cinco ____________________

____

Seis ____________________

____

Sete ____________________

____

Oito ____________________

____

Área Profissional

Questionário de Auto-avaliação

	SIM	NÃO	+	–
Tenho bem claros os meus objetivos profissionais?	☐	☐	☐	☐
Sei o que quero alcançar nos próximos seis meses?	☐	☐	☐	☐
Daqui a dez anos, qual será minha posição profissional?	☐	☐	☐	☐
Preciso de estímulos para alcançar as metas do meu setor?	☐	☐	☐	☐

	SIM	NÃO	+	–
Acredito que, para crescer profissionalmente, preciso ser político?	☐	☐	☐	☐
Considero a política no trabalho desnecessária?	☐	☐	☐	☐
Acho a política importante para o desenvolvimento da minha carreira?	☐	☐	☐	☐
Reconheço os grupos de poder e sei trafegar entre eles?	☐	☐	☐	☐

	SIM	NÃO	+	–
Entendo o que é *marketing* pessoal?	☐	☐	☐	☐
Preocupo-me com a minha aparência?	☐	☐	☐	☐
Sempre analiso o que as pessoas estão pensando de mim?	☐	☐	☐	☐
Estou construindo uma rede de relacionamentos positiva?	☐	☐	☐	☐

	SIM	NÃO	+	–
Ter competência técnica é suficiente para crescer profissionalmente?	☐	☐	☐	☐
Divulgar meus sucessos é importante?	☐	☐	☐	☐
Dependo de *feedback* para mudar minhas atitudes?	☐	☐	☐	☐
Sou capaz de fazer auto-análise para mudar comportamentos?	☐	☐	☐	☐

ÁREA PROFISSIONAL

	SIM	NÃO	+	–
Invisto regularmente no autodesenvolvimento?	☐	☐	☐	☐
Sempre invisto em cursos de várias áreas?	☐	☐	☐	☐
Só faço cursos quando a empresa paga?	☐	☐	☐	☐
Sempre que surgem treinamentos, eu invisto?	☐	☐	☐	☐

	SIM	NÃO	+	–
Sinto-me bem no relacionamento com as pessoas?	☐	☐	☐	☐
Acho que a maioria delas me atrapalha?	☐	☐	☐	☐
Gosto de trabalhar com pessoas?	☐	☐	☐	☐
Já tenho um grupo formado e não preciso de mais ninguém?	☐	☐	☐	☐

	SIM	NÃO	+	–
Gosto de assumir responsabilidades?	☐	☐	☐	☐
Aprecio controlar as coisas?	☐	☐	☐	☐
Prefiro deixar que outros assumam as responsabilidades?	☐	☐	☐	☐
Gosto de tomar conta das coisas e vê-las chegar até o fim?	☐	☐	☐	☐

	SIM	NÃO	+	–
Considero-me uma pessoa de confiança?	☐	☐	☐	☐
Sou sempre franco?	☐	☐	☐	☐
Digo apenas o que convém na hora?	☐	☐	☐	☐
Normalmente, termino o que começo?	☐	☐	☐	☐

	SIM	NÃO	+	–
Sou decidido(a) profissionalmente falando?	☐	☐	☐	☐
Tomo decisões rápidas?	☐	☐	☐	☐
Minhas decisões são corretas?	☐	☐	☐	☐
Gosto de tomar decisões?	☐	☐	☐	☐

ÁREA PROFISSIONAL

	SIM	NÃO	+	–
Sou capaz de liderar as pessoas?	☐	☐	☐	☐
Consigo que as pessoas façam as coisas se eu as oriento e dirijo?	☐	☐	☐	☐
Consigo que a maioria das pessoas trabalhe sem a minha presença?	☐	☐	☐	☐
Sei delegar tarefas?	☐	☐	☐	☐

	SIM	NÃO	+	–
Sou organizado(a)?	☐	☐	☐	☐
Gosto de ter um plano antes de começar algo?	☐	☐	☐	☐
Organizo tudo, exceto quando as coisas se complicam demais?	☐	☐	☐	☐
Sou reativo(a) e só tomo decisões à medida que as coisas forem acontecendo?	☐	☐	☐	☐

	SIM	NÃO	+	–
Eu me comprometo com os objetivos da empresa em que trabalho?	☐	☐	☐	☐

	SIM	NÃO	+	–
Tenho criatividade para apresentar sugestões de inovação para aprimorar as rotinas e tarefas do meu setor e organização?	☐	☐	☐	☐

	SIM	NÃO	+	–
Gosto do que faço? Tenho prazer no desempenho das minhas atividades profissionais?	☐	☐	☐	☐

	SIM	NÃO	+	–
Tenho habilidades de comunicação desenvolvidas para evitar bloqueios de comunicação no meu dia-a-dia?	☐	☐	☐	☐

	SIM	NÃO	+	–
Considero a honestidade e a ética como fatores importantes da minha personalidade?	☐	☐	☐	☐

ÁREA PROFISSIONAL

Revelo iniciativa e espírito empreendedor na minha área profissional?

SIM ☐ NÃO ☐ + ☐ – ☐

Compatibilizo minhas metas pessoais com as estratégias da empresa?

SIM ☐ NÃO ☐ + ☐ – ☐

Assumo responsabilidades sempre que sou solicitado pelos meus superiores?

SIM ☐ NÃO ☐ + ☐ – ☐

PRIORIDADE DOS VALORES PROFISSIONAIS

Veja as instruções no GUIA PARA EXECUÇÃO

Um ____

____

____

Dois ____

____

____

Três ____

____

____

Quatro ____

____

____

ÁREA PROFISSIONAL

Cinco ____

____

____

Seis ____

____

____

Sete ____

____

____

Oito ____

____

____

As planilhas das páginas seguintes oferecem opções para as **METAS TANGÍVEIS** e **METAS INTANGÍVEIS**.

Caso você necessite de mais planilhas, entre no site www.mileris.com.br

Você encontrará também planilhas prontas para as **METAS A CURTO PRAZO**, **METAS A LONGO PRAZO** e para as **METAS ALCANÇADAS**.

METAS TANGÍVEIS

METAS TANGÍVEIS Para onde quero ir?	**OBSTÁCULOS/EMPECILHOS** O que se interpõe entre mim e minhas metas?
SOLUÇÕES Vencerei os obstáculos fazendo o seguinte:	**DATA-LIMITE** Atingirei a minha meta em, ou antes de:
RECOMPENSAS PESSOAIS Quais os benefícios que terei depois de atingir a minha meta?	**PROGRESSO ATUAL** Incentivos da minha atuação.

AFIRMAÇÕES Para atingir minhas Metas Tangíveis.	AUXILIARES PARA VISUALIZAÇÃO Ilustrações, fotografias e outros símbolos que me ajudarão a visualizar a minha meta.

METAS INTANGÍVEIS

METAS INTANGÍVEIS Para onde quero ir?	OBSTÁCULOS/EMPECILHOS O que se interpõe entre mim e minhas metas?
SOLUÇÕES Vencerei os obstáculos fazendo o seguinte:	**DATA-LIMITE** Atingirei a minha meta em, ou antes de:

RECOMPENSAS PESSOAIS Quais os benefícios que terei depois de atingir a minha meta?	**PROGRESSO ATUAL** Incentivos da minha atuação.
AFIRMAÇÕES Para atingir minhas Metas Tangíveis.	**AUXILIARES PARA VISUALIZAÇÃO** Ilustrações, fotografias e outros símbolos que me ajudarão a visualizar a minha meta.

Mais informações sobre **METAS DEFINIDAS POR ESCRITO**, visite o site www.mileris.com.br

Contato com o autor: wilsonmileris@terra.com.br

O VENDEDOR IMBATÍVEL

Bruna Gasgon

O primeiro conceito que você precisa compreender é que todos nós temos de saber vender o nosso ofício. Este não é um livro apenas para quem comercializa produtos. Todos os dias qualquer profissional está vendendo algo: projetos, pautas, campanhas de marketing, serviços médicos, imagem corporativa, enfim, somos sempre vendedores.

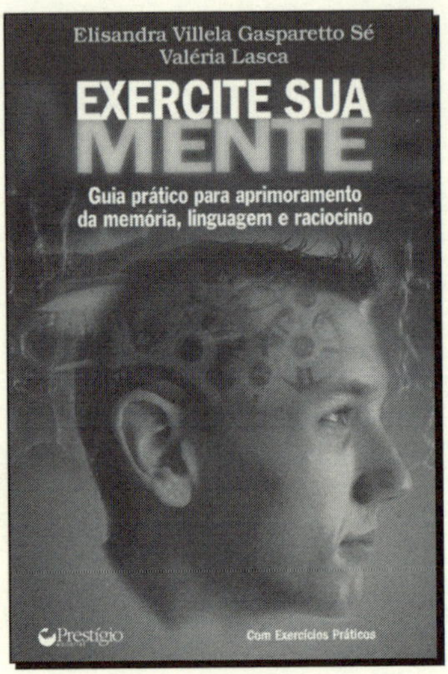

EXERCITE SUA MENTE

Guia prático para aprimoramento da memória, linguagem e raciocínio

Elisandra Villela Gasparetto Sé e Valéria Lasca

Exercite sua mente - Guia prático para aprimoramento da memória, linguagem e raciocínio destina-se a todos aqueles que se preocupam em manter e melhorar o desempenho de habilidades de memória, linguagem e raciocínio ao longo da vida.

VIVA O ESTRESSE

Barry Lenson

Já ouviu falar em bom estresse? Barry Lenson, jornalista e autor de outros livros na área de desenvolvimento pessoal, mostra nesse livro que é possível transformar o estresse em energia potencial para solucionar problemas, resolver conflitos, atingir metas e alcançar a realização pessoal.s.

TOLSTOI

Pensamentos para uma vida feliz

Leon Tolstoi

Edição em português do livro que foi considerado pelo célebre romancista russo como sua maior contribuição para a humanidade. Trata-se de um clássico, no qual Tolstoi reúne pensamentos de gênios como Sêneca, Kant, Rousseau, Goethe e Buda. Suas páginas, uma para cada dia do ano, trazem um pouco de filosofia, religião e literatura, a fim de iluminar a vida de quem as lê.

Este livro foi composto em Minion corpo 10.5/15 e
Helvetica Condensad 9.5/15 e impresso pela
Ediouro Gráfica sobre papel Pólen Bold 90g
para a Prestígio Editorial em 2006.